BIOGRAPHIE SATIRIQUE

DES

DEPUTES

PAR SATAN

VIE DE L'INDICATION DE LEURS ADRESSES

DANS PARIS.

Nouvelle Édition.

50 C.

PARIS,

Chez M. BUREAU, Imprimeur-Éditeur,
Rue Coquillière, 22.
Et chez l'ÉDITEUR, rue Colbert, 4.

1847.

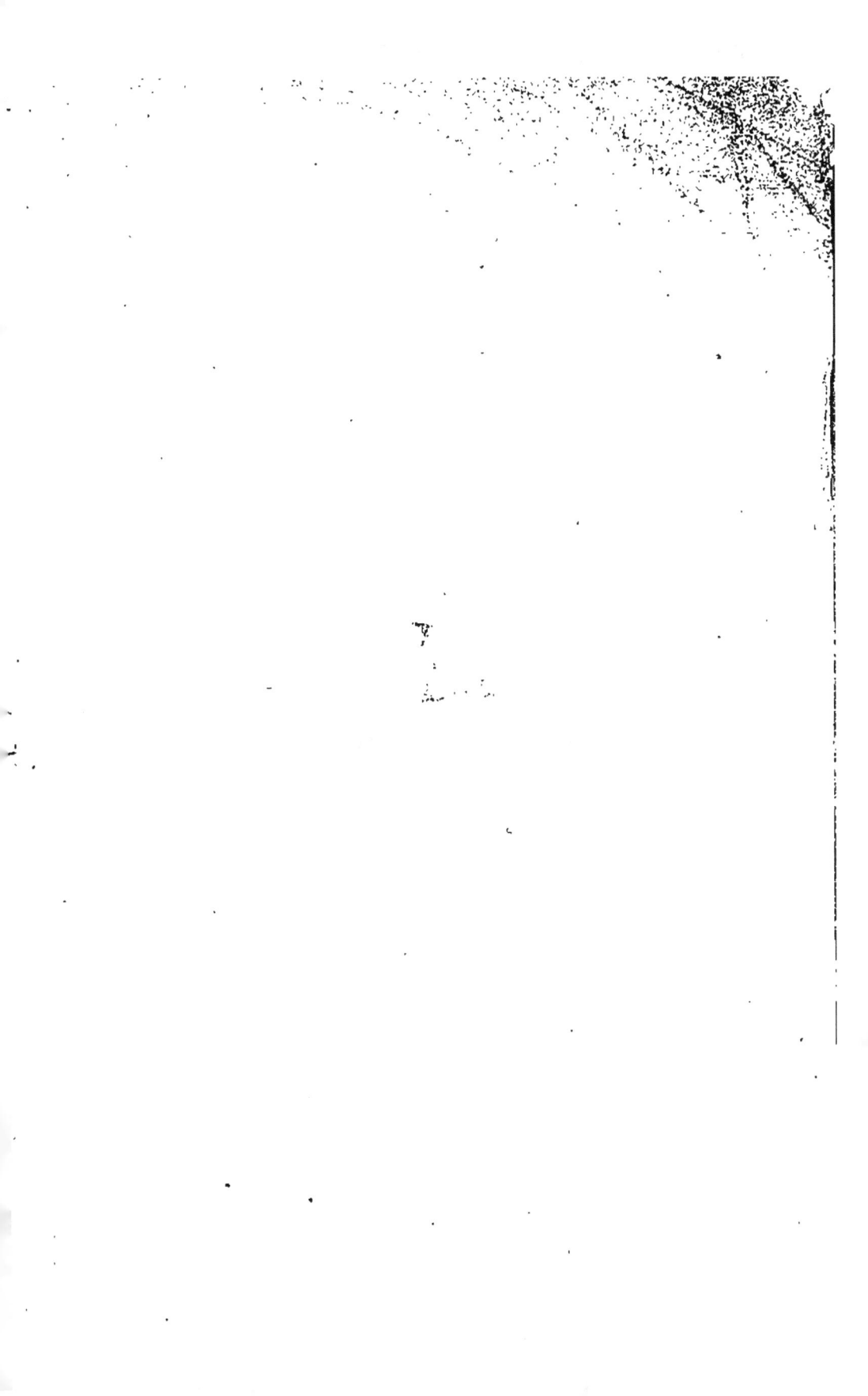

BIOGRAPHIE SATIRIQUE

DES

DÉPUTÉS.

Impr. de BUREAU, rue Coquillière, 22.

BIOGRAPHIE SATIRIQUE

DES

DÉPUTÉS

PAR SATAN

SUIVIE DE L'INDICATION DE LEURS ADRESSES

DANS PARIS.

PARIS,

Chez M. BUREAU, Imprimeur-Éditeur,
Rue Coquillière, 22.

Et chez l'ÉDITEUR, rue Colbert, 4,

1847.

PREFACE

———

Dans cette Chambre nouvelle où Diogène trouverait à peine un homme, j'ai vu deux cents transfuges; j'ai vu des militaires faire assaut de servilité, des magistrats oublier leur robe, des marins renier leur drapeau; j'ai vu des hommes d'argent, connus pour avoir spéculé à la Bourse, oser se présenter à la Chambre. La Restauration a eu la Chambre **INTROUVABLE** qui valait mieux que celle-ci, à laquelle je donne aujourd'hui le nom de **CHAMBRE DÉPLORABLE** et ce nom lui restera, comme dans quelques années le nom de pritchardiste qui deviendra une sanglante flétrissure.

Si la guerre éclatait demain, quelle confiance pourrions-nous avoir en des officiers qui n'ont obtenus leurs grades qu'à force de bassesses. Quel respect peut obtenir un magistrat qui, juge entre la France attaquée et l'infâme Pritchard, condamne la France.

De quel droit un marin qui a voté le désaveu et l'indemnité pourrait-il prêcher à ses matelots le dévoûment à la patrie ? De quel droit pourrait-il leur commander de vaincre ou de mourir, lui, qui sans combattre a si lâchement amené son pavillon.

La **CHAMBRE DÉPLORABLE** de 1846 est incapable de bien faire. Elle porte en elle des germes de stérilité et d'impuissance. Elle est plus mauvaise encore par son opposition morcelée, que par sa majorité sans idée. L'opposition est trop nombreuse pour être énergique, trop faible pour disputer la victoire au scrutin. La minorité de la Restauration réduite à **QUINZE VOIX** pouvait dire avec orgueil : la France marche avec moi.

L'opposition Thiers-Barrot n'ayant ni drapeau, ni principe, ne s'appuye sur rien et fatigue le pays par sa nullité et ses prétentions ambitieuses.

La famine au-dedans, Cracovie et les mariages espagnols au-dehors, tels sont les points que cette chambre n'ose résoudre. Des députés sans cœur soutiennent une politique sans entraille.

Biographie Satirique
DES
DÉPUTÉS.

AIN — 5 députés.

POISAT (Pritchardiste).

M. Poisat, né à Pont-de-Veaux, est l'heureux successeur de M. Josserand, qui, lui-même, avait succédé à des députés indépendants. Pont-de-Vaux a donc progressé à sa manière. C'est-à-dire que l'intérêt matériel a étouffé, là, comme ailleurs, l'intérêt national. M. Poisat est député, parce qu'il est ministériel *quand même*.

Parce qu'il a l'embonpoint le plus florissant.

Parce qu'il a gagné une belle fortune dans l'état d'affineur de métaux.

Parce qu'il est le coryphée de M. Rothschild.

Et enfin, parce que Pont-de-Vaux veut

fournir son député gras, comme feu Cornet, de Caen, fournissait son bœuf monumental.

LEROY DE LATOURNELLE. (Prit.)

L'élu du deuxième collége de l'Ain est né en 1803. Depuis 1830, il était subtitut du procureur du roi, à Lyon, lorsque le fameux procès d'avril vint lui ouvrir la carrière judiciaire, sous les auspices de M. Martin (du Nord), dont il fut l'assesseur. Il fut bientôt récompensé de ses peines par sa nomination au poste de substitut du procureur-général, à Paris ; puis, procureur-général à Nismes, puis à Orléans (1836). Elu député en 1840, en remplacement de M. Bernard, décédé, il obtint 125 voix sur 220 votants. En 1843, il a été nommé premier président de la cour royale de Dijon.

L'élu de Bourg vote et votera éternellement contre toute espèce de réforme et contre la France, tant que M. Guizot sera ministre.

M. Pritchard lui doit des remercîments.

F. L. PERRIER (Pritchard.) Trévoux.

Trévoux a l'honneur d'envoyer à la

Chambre un avocat muet. M. Perrier, né à Trévoux, en 1775, était, sous l'empire et sous la restauration, avocat et juge-suppléant. Destitué en 1816, il a toujours dit que son libéralisme avait causé sa disgrâce. Le pouvoir de 1830 l'a cru, et l'a nommé président du tribunal de sa ville natale. En 1834, il fut porté par le centre gauche et élu en remplacement de M. Berthollon de Pollet, ministériel pur. L'opposition de M. Perrier dura autant que son élection.

M. Perrier est une machine à voter. Il a voté pour la dotation, les fortifications, le recensement et l'indemnité Pritchard, contre les incompatibilités, les capacités, la diminution de l'impôt du sel et tout ce qui est patriotique.

M. Perrier reconnaît la suprématie de l'Europe, et se montre partisan farouche et silencieux de la politique du silence. M. Perrier a 71 ans. Espérons qu'il jouira bientôt du repos qui lui est dû.

ANGEVILLE (comte d') Belley (Pritch.)

M. D'Angeville est né en 1796. Il représente le collège de Belley depuis 1834.

Il professe la doctrine de l'infaillibité de tous les ministres.

Ancien officier de Marine, devenu agriculteur et fabricant de fromage. Il a cependant un jour menacé le ministère d'une formidable opposition à propos de fromages mous. On se souvient encore de la bruyante hilarité qui éclata sur tous les bancs quand M. d'Angeville monta à la tribune,

Tenant dans son bec son fromage.

M. Louis Reybaud s'est souvenu de cette scène dans *Jérôme Paturot*.

Pour le malheur de ceux qui l'écoutent, M. d'Angeville parle quelquefois. Son éloquence a brillé dans la session de 1838, à propos de la question suisse. Le 26 janvier 1844, le noble fabricant de fromages mous, devenu Jupiter tonnant, a flétri les légitimistes pèlerins de Belgrave-Square.

M. D'Angeville a voté pour les dotations, les fortifications, l'armement, le recensement et l'indemnité Pritchard, contre toutes les réformes.

M. D'Angeville a succédé à M. de Cormenin. Le frère de Piron n'était-il pas un imbécille?

FÉLIX GIROD. F. P. (Pritchard.)

M. Girod, député de Nantua, a l'honneur de compléter la députation de l'Ain. M. Girod est né à Gex ; il est âgé de 57 ans, il a succédé à un député de l'extrême-gauche, M. de Mornay, demissionnaire. Il a fait les campagnes de 1806 et de 1807, 1808 et 1810 ; en Pologne et en Espagne ; en 1812, en Russie ; 1813, en Saxe ; 1814, en France ; 1830, à Alger.

Il était lieutenant-colonel en 1830. En 1832, il a été nommé colonel d'état-major. Député depuis 1833, il a cassé un grand nombre de couteaux à papier, car M. Girod est un foudre de guerre tres pacifique. Chargé du rapport ayant pour objet les fortifications d'Huningue, M. Girod fut tout-à-fait de l'avis des étrangers: « Sans » doute, disait-il, l'honneur de la France » a dû bien souffrir de la démolition des » murs d'Huningue ; mais le traité qui » stipule cette démolition est encore en » vigueur, et votre commission ne croit » pas qu'il convienne à la chambre de » prendre l'initiative sur ce qui peut faire

» l'objet de négociations diplomatiques.» On conçoit que le foudre de guerre, si respectueux envers les traités de 1815, ne pouvait manquer d'obéir au commandement de tous les ministres. M. Girod-*l'intrépide* (pour le distinguer de M. Girod, de l'Ain, son frère), a voté pour la dotation, les fortifications, le recensement, l'armement des forts, la régence du bienaimé duc de Nemours, et pour tout ce qui pouvait plaire à nos ministres.

M. Pritchard lui doit son indemnité et la France un peu de honte. M. Girod étant un des malencontreux 213 Pritchardistes.

AISNE — 7 députés.

DE BROTONNE Laon. (Gauche.)

M. de Brotonne a remplacé M. Désabes, qui ne se représentait pas. Ce député représente à la Chambre les intérêts de l'agriculture ; mais il n'a pas renoncé pour cela à défendre nos libertés et à combattre les lois de septembre et les mesures liberticides de la camarilla.

ODILON BARROT. Chauny. (Gauche.)

Nous fredonnons involontairement le *De Profundis* en parlant de ce député. Nous ne pouvons pas mieux comparer M. Odilon Barrot qu'à une grosse caisse vide et sonore. Il s'était fait une réputation avec des phrases. il l'a démolie avec des actes.

M. Barrot joua un rôle en 1830 : il conduisit Charles X à Cherbourg, et fut nommé au retour préfet de la Seine. S'étant retiré en même temps que le ministère Laffitte. Il fut élu député du Bas-Rhin, et enfin de Chauny. Il est triste de voir un homme comme M. Barrot débuter en tribun, et devenir le *Raton* de *Bertrand* Thiers. M. Barrot a été réélu après avoir été admonesté sur ses votes et sur ses amitiés, qui n'ont tendu qu'à compromettre la gauche.

DE CAMBACÉRÈS. Saint-Quentin. (Gauche.)

M. de Cambacérès a rendu un grand service à la ville de Saint-Quentin ; il l'a débarassée du banquier Fould, qui a été se faire élire ailleurs. M. de Cambacérès vote avec l'opposition et siége à gauche, plus près de M. Ledru-Rollin que de M. Thiers. Nous l'en félicitons vivement.

VIVIEN, F. P., 2ᵉ collège de Saint-Quentin. (Centre gauche.)

M. Vivien est né en 1790. Il a voté contre la loi sur les associations; sa parole est élégante et facile, mais il manque de caractère. Il veut réaliser une chose impossible, l'union du centre gauche et de la gauche. Ministre et garde des sceaux sous le 1ᵉʳ mars, il offrit un siége à la cour de cassation à M. Dupont, de l'Eure, et à M. Martin (pas l'ours). Depuis le règne du visir Guizot, il est dans l'opposition. Il a fait de louables efforts pour combattre la loi sur les annonces judiciaires :

Mais l'avare pouvoir lâche fort peu sa proie.

M. Vivien n'a donc réussi qu'en face du pays.

QUINETTE. Vervins. (Gauche.)

Combattant de Juillet, M. Quinette est resté fidèle au drapeau. Il est fils du conventionnel qui fut ministre de la république et sénateur. M. Quinette vote contre toutes les lois liberticides, pour tous les progrès et toutes les réformes.

LHERBETTE, Soissons. (Gauche.)

Ce député est un des hommes les plus honorables de la Chambre. Il est né en 1791. En 1831, il renversa de son banc le baron Méchin, que cette chûte fit préfet. M. Lherbette est un adversaire redoutable ; il a combattu les lois de dotations et d'apanages comme les lois liberticides. Il a fait de courageux efforts pour empêcher la fusion de la gauche et du centre gauche. Malgré ses éloquentes paroles, la gauche a fusionné, et, dès lors, elle est devenue une minorité plus nombreuse, mais sans valeur ; les petites pièces d'argent sont devenues gros sous. En 1845 et 1846, ce qui a fait le plus grand honneur à M. Lherbette, est sans contredit ses courageuses dénonciations contre les voleurs de la Bourse et les tripoteurs de chemins de fer.

PAILLET. Château-Thierry (centre gauche.)

M. Paillet, l'éloquent défenseur de Mme Laffarge, a remplacé l'honorable

M. de Sade. Nous désirerions qu'il ne le fît pas regretter. M. Paillet est trop centre pour la gauche, et trop gauche pour M. Guizot; mais on dit que son drapeau est plutôt une nuance qu'une couleur.

ALLIER — 4 députés.

MEILHEURAT. F. P. Moulins (centre-Pritchardiste.)

Royaliste ultrà, sous la restauration, il chanta sur sa lyre l'*Enfant du miracle*. En lisant ses vers, nous, nous avons cru ouïr plutôt le langage de maître *Aliboron*, que celui d'Apollon.

En 1830, M. Meilheurat se lança à corps perdu dans la démocratie. En 1837, il se livra au ministère, et vota toutes les mesures qu'il plût au gouvernement de lui imposer. Il osa, naguère, dire à Mme d'Anjou Lesurques : « Qu'il n'avait pas la conviction de l'innocence de son père. » Cette brutalité sans cœur fut l'arrêt de mort de cette dame, dont on retrouva, le lendemain, le cadavre dans la Seine.

LELORGNE D'IDEVILLE. F. P. La Palisse (pritchardiste).

L'élu de La Palisse fait partie du matériel de tous les ministères. Ce n'est pas même une voix, c'est une boule. M. de La Palisse, Lelorgne, est maître des requêtes au conseil d'Etat.

BUREAUX-DE-PUZY. Gannat (gauch.)

Ancien préfet et ancien officier, M. de Puzy réunit la politesse administrative à la fermeté et à la loyauté militaire. Il a beaucoup fait pour la France, il fera encore beaucoup pour elle, malgré les ministres de l'étranger et les soldats de la peur.

COURTAIS, Montluçon (gauche).

Successeur de l'honorable M. Tourret, son vote est acquis à toutes les réformes, contre la corruption électorale, les députés fonctionnaires, pour l'adjonction des capacités, la révision de la loi sur les annonces judiciaires et l'organisation du travail.

ALPES (Basses) — 2 députés.

D'ORAI-ON (comte de), opposition de droite.

M. le comte d'Oraison n'a jamais siégé à la Chambre, il remplace M. Gravier, devenu pair de France. Se ralliera-t-il? Se ralliera-t-il pas ?—Tous les légitimistes ne sont pas des Dugabé.

DELAPLANE F. P. (cen   .)

M. Delaplane a remplacé un homme de bien et un homme de cœur. Les électeurs étaient sans doute lassés d'être justes. Le ministère a fortement combattu M. Laidet, et, la rougeur au front, les électeurs ont voté pour une nullité ministérielle.

Le brave général Laidet aurait été déplacé dans une pareille Chambre.

ALPES (Hautes) — 3 députés.

DESCLOZEAUX F. P., Embrun (Centre.)

M. Isambert fit connaître, il y a quelques années, des faits peu flatteurs pour ce fonctionnaire public, âme damnée de M. Martin du Nord. Une enquête électorale a fait connaître les mystères de l'élection de M. D sclozeaux.

D'HAUTERIVE F. P. (comte), Gap (Pritchardiste.)

M. d'Hauterive est ministériel quand même ; il est sous-directeur au ministère des affaires étrangères ; il vote en aveugle, et, fort heureusement, ne parle jamais.

ARDÉCHE — 4 députés.

CHAMPANHET F. P., Privas (centre Pritchard).

Le juge de Charenton a été, dit-on, fait contre ce député comme réponse à un de ses réquisitoires de la Restauration. En 1830, il fut libéral. Mais bientôt après, ayant été appelé à faire partie de la Cour royale de Paris, sa ferveur gouvernementale le reprit ; M. le général Rampon le remplaça à la Chambre en 1839, mais, en 1842, il revint à la charge, et fut nommé par 205 électeurs *indépendans*.

BOISSY-D'ANGLAS, F. P. (pritchardiste).

Oh! que les pères sont malheureux d'avoir des enfans, dirait le célèbre conventionnel, s'il lui était donné de voir M. son fils à l'œuvre. En 1846, M. Boissy-d'Anglas eut le triste courage de venir à la tribune défendre un voleur qui avait dérobé 400,000 fr. à l'Etat, cet homme, suivant M. d'Anglas, était d'une probité proverbiale. M. d'Anglas fait ses affaires de député comme intendant militaire, et celles d'intendant militaire comme député.

DE LA TOURETTE (marquis de) Tournon (opposition de droite).

On le dit légitimiste : il est marquis ; on le dit conservateur : il est propriétaire ; on dit qu'il peut varier : il est de *Tournon*.

MATHIEU, F. P., l'Argentière (gauche).

M. Mathieu est, depuis 1830, président du tribunal d'Argentières ; élu, en 1837, en remplacement de M. de Montjau, il a toujours voté pour les réformes utiles contre les lois oppressives de la Camarilla.

ARDENNES — 4 députés.

OGER. Mézières. (Pritchardiste).

M. Oger a fait de l'opposition, puis il a déserté. M. Oger fut à cause de son vote pour Pritchard dégradé par ses camarades du grade de colonel de la 7ᵉ légion. Le lendemain il fut nommé commandeur de la Légion-d'Honneur.

Mézières a pensé moins bien que Paris, en laissant à un homme très ridicule le droit de la représenter.

M. TERNAUX (Mortimer) F. P. Réthel. (Centre gauche.)

M. Ternaux est un très honorable magistrat, mais j'avoue que je crois peu à son libéralisme. Il boude, c'est vrai, mais s'il vote en honnête homme lorsqu'il s'agit des intérêts de la France, il a souvent voté en complaisant quand il s'agissait de nos libertés.

CUNIN-GRIDAINE. F. P. Sédan.

M. Cunin-Gridaine est ministre de l'agriculture et du commerce, c'est sans doute dans l'intérêt de l'agriculture qu'il a combattu la réduction de l'impôt sur le sel. Il était libéral et ami de Lafayette sous la Restauration ; il fut ministériel en 1830, et ministre du commerce en 1839. Il fait encore partie aujourd'hui du ministère anglais de sir Guizot. Les journaux en font un homme politique : ce n'est qu'un fabricant de drap et il s'inquiète plus à la Chambre de la qualité du drap que portent MM. les députés, que de leurs votes. La sultane Validé adore, dit-on, M. Cunin, à cause de son nom de Gridaine et de son ventre de Silène.

LAVOCAT. F. P. Vouziers. (Pritchard.)

On dit qu'il était libéral sous la Restauration, il n'y paraît guère aujourd'hui et M. Lavocat perdrait certainement sa cause s'il se donnait la peine de la plaider. Figurant de l'évènement Fieschi, il a su gagner la croix et l'administration des Gobelins. Il ne s'agissait pas de mériter l'un et l'autre.

On dit M. Lavocat esclave de sir Guizot. Il est l'ami de M. Hourdequin.

ARRIÈGE — 3 députés.

DARNAUD. F. P. Pamiers (gauche.)

M. Darnaud est un honorable magistrat de la cour royale de Toulouse. Il a débarrassé Pamiers de M. de Saintenac conservateur-légitimiste de l'espèce des Dugabé. M. Darnaud vote pour toutes les réformes contre les lois rétrogrades.

M. DUGABÉ. Foix (centre Pritchard.)

M. Dugabé a été rayé du tableau des avocats pour cause peu flatteuse pour lui.

Comme le vieux Judas qui brocanta son Dieu
Dugabé se vendit au pouvoir du milieu.

Aujourd'hui, il n'en rougit pas plus que les électeurs qui l'ont réélu.

M. DILHAN. F. P. Saint-Girons (centre-Pritchard.)

M. Dilhan est un député dont on ne peut dire ni bien ni mal; il donne sans y songer sa boule blanche au ministère, sa boule noire à l'opposition. Après cela, il dort ou crie *à l'ordre* et *la clôture*. Il est de plus rédacteur du *Messager* qui ne se rédige pas... ah! j'oubliais les bandes. M. Dilhan a, dit-on, 500 f. par mois pour cela.

AUBE — 4 députés.

STOURM. Troyes (centre gauche).

M. Stourm vote avec l'opposition, mais il est un des directeurs du chemin de fer de Paris à Lyon.

DE MESGRIGNY (comte de) F. P. Bar-sur-Seine (centre).

Cet honorable est un député cheval, directeur des haras et votant de droite à gauche suivant le voisin qu'il a dans le moment.

DEMEUFVE. Nogent-sur-Seine (Pritch.)

Député rénégat, orateur ridicule,
Du célèbre Pritchard il baisa la canule.

Cette année, M. Demeufve a eu des démélés judiciaires qui ont eu un triste retentissement. Il aime trop les chemins de fer et leurs actions.

ARMAND. Bar-sur-Aube (Pritchardiste).

M. Armand était un des gérans de cette malheureuse entreprise des diligences, connue sous le nom de *Armand-Lecomte et C°*, et qui fit tant de victimes. M. Armand est entré à la Chambre comme opposant, mais il s'est bientôt rallié au pouvoir et ne lui a plus depuis disputé un seul vote.

AUDE — 5 députés.

DE RESSIGEAC. Carcassonne (Pritch.)

Les manœuvres les plus tristes nous ont donné cet honorable; le ministère s'était compromis pour lui, il se compromet pour le ministère. C'est un des fidèles zéros de Milord Guizot.

MAHUL Carcassonne, 2e collége (centre.)

M. Mahul l'os des os et la chair de la chair de sir Guizot est très connu par sa fuite précipitée en 1841. Il parodia à Toulouse le mot célèbre, *c'est l'instant de nous montrer, cachons-nous.* En 1841, on fit contre M. Mahul cette épigramme :

Une oie a rempli le rôle
Qu'essaya le Triboulet,
Par Guizot nommé préfet;
Une oie a vaincu la Gaule,

Plus malheureux aujourd'hui,
Mahul, plus bête que lui,
A perdu le Capitole.

DEJEAN (comte) F. P. Castelnaudary (Pritchardiste).

M. Tristapatte, Lagingeole Dejean a été préfet du Puy-de-Dôme. Les plaintes de ses administrés furent telles que M. Molé fut obligé de le destituer. M. Dejean fut alors de la coalition de 1839. Depuis le triomphe de M. Guizot il est son porte queue dévoué et surtout le très humble serviteur de M. Duchâtel.

PEYRE. Limoux (Pritchardiste).

Ce député serait beaucoup mieux sur une grand'route qu'à la Chambre. Les bornes peuvent du moins y servir à quelque usage.

M. ESPERONNIER. F. P. Narbonne (Pritchardiste.)

M. Espéronnier préfère le gouvernement actuel à celui de Napoléon. Il fallait alors acquérir ses grades sur des champs de batailles; aujourd'hui, un général fait son chemin militaire sur les bancs du centre. En 1839, M. Espéronnier fut nommé colonel d'artillerie ; en 1846, il a été nommé maréchal de camp. Il est vrai qu'il avait eu le courage de voter pour Pritchard, sans ôter ses épaulettes et sans mettre des gants.

AVEYRON — 5 députés.

CABROL, Rodes (centre gauche).

M. Michel Chevalier, chevalier errant de la députation, va se remettre en campagne. Les électeurs ont souffleté en lui l'indigne polémique du *Journal des Débats*. Quant à M. Cabrol, on le dit centre gauche ; cela ne nous regarde pas.

DE COURTOIS, Sainte-Affrique (centre gauche).

M. de Courtois a privé M. Guizot de l'un de ses plus dévoués coryphées ; en revanche, il est pour M. Thiers. Sainte-Affrique tombe donc de Charybde en Scylla.

PONS, F. P., Espalion (Pritchardiste).

Le collège d'Espalion est à la tête des bourgs-pourris de France ; autrefois, il

nous envoyait M. Guizard, il nous envoie aujourd'hui M. Pons. Que le diable
l'emporte!

DE GAUJAL, Milhau (Pritchardiste).

M. de Gaujal est ministériel sous tous
les ministères.

CIBIEL, Villefranche (Pritchardiste).

M. CIBIEL est, avant tout, homme
d'argent, il a, dit-on, fait récemment de
très grands bénéfices dans les *chemins
de fer*, il préfère M. de *Rothschild* à
tout, et votera pour M. Guizot, tant que
ce *grand* ministre se montrera l'ami des
Juifs, des *Anglais* et des *Loups-Cer-
viers.*

M. Cibiel complète dignement la députation de l'Aveyron.

BOUCHES-DU-RHONE — 6 députés.

BERRYER, 1er collége, Marseille (op-
position de droite).

M. Berryer, un de nos premiers ora-
teurs, est doué d'un esprit chevaleresque
qui le porte à ne pas abandonner une

cause perdue. Mais ses instincts sont libéraux : jamais M. Berryer n'a refusé sa voix à la défense de nos libertés et des intérêts de la France. Au début de la Restauration, il défendit Ney et plusieurs autres généraux de l'Empire. Depuis la chûte des Bourbons, il a défendu leur cause. En 1836, M. Berryer reçut à Marseille un accueil qu'il n'a sans doute pas oublié ; un banquet lui fut donné à la Mouthe, et des milliers de citoyens se portèrent à sa rencontre sur le chemin d'Aix, tandis que la troupe prenait les armes et lui préparait ainsi une entrée princière. Si, en 1844, quelques hommes ont mal reçu M. Berryer, après le voyage de *Belgrave-Square*, il ne faut pas les chercher dans les rangs de la démocratie, mais dans ceux de la police et des agens de M. Reynard.

M. Berryer sera déplacé dans la Chambre actuelle. C'est un géant au milieu des nains : un homme auprès des bornes.

CLAPPIER, 2e collége, Marseille
(centre gauche).

Si M. Clappier est insuffisant, ce ne sera pas faute de suffisance. Sachons-lui gré de remplacer M. Reynard, ce député qui, depuis son apostasie, était si antipathique à Marseille. On dit M. Clappier centre gauche, nous ne nous sentons l'envie de le disputer à personne. L'avocat prétentieux qui, depuis 10 ans, poursuit le banc de député et qui a lutté contre M. Berryer comme candidat ministériel, ne nous fera jamais l'effet d'un Brutus... Nous l'avons aussi trop entendu pour le croire un Démosthènes.

Louis REYBAUD, 3e collége, Marseille (gauche).

M. de Surian ayant déclaré à ses amis qu'il ne tenait pas à être réélu, les voix indépendantes se sont portées sur M. Louis Reybaud, l'auteur de *Jérôme Paturot,* a trop d'esprit pour en être sottement un autre. Il illustrera la Chambre mais n'en recevra aucun lustre.

THIERS, Aix (chef du centre gauche).

M. Thiers est toujours dans l'opposition quand il n'est plus ministre. Comme libéral, voici quelles sont ses œuvres : le Code de Septembre, la loi contre les associations, la répression sanglante des troubles populaires ; comme patriote, on lui doit le traité Rosás, l'*Ultimatum* du 8 juillet 1840, l'ordre d'abandonner l'Egypte, les fanfaronnades de tribune et les fortifications de Paris. Comme orateur de la gauche, on lui doit le silence de quatre ans, et le fameux discours sur la régence. Depuis un an, M. Thiers semble avoir repris sa plume de 1830, dans les colonnes du *Constitutionnel*. Pour faire oublier son *Histoire de la Révolution française*, il a écrit son *Histoire de l'Empire*, célèbre seulement par les démentis qu'elle lui a valu.

DE GRILLE (marquis), Arles (Pritch.)

M. de Grille se croit sérieusement un Tory, il s'est rallié au gouvernement par impatience. Il représentait autrefois les idées légitimistes, il représente aujourd'hui les saucissons d'Arles. Il valait bien la peine d'être marquis.

PAUL DE GASPARIN, Tarascon (centre-droit).

M. de Gasparin est un homme loyal et sincère, il ose dire que le ministre a tort,

mais il n'ose pas lui refuser son vote.
Cette faiblesse le rend *dignus d'intrare.*

CALVADOS — 7 députés.

ABEL VAUTHIER. Caen (centre droit).

Ce partisan de M. Guizot l'a emporté,
grâces à toutes les mesures de l'administration et aux honteuses défections des
légitimistes. Une élection ainsi emportée,
donne peu d'espérances pour l'avenir de
M. Vauthier.

DELACOUR. Caen, 2e collége (centre).

M. Delacour remplace M. de Fontette.
Les électeurs de Caen sont près de ceux
de Lisieux, M. Delacour leur aura sans
doute aussi demandé « s'ils se sentaient
corrompus. »

D'HOUDETOT. F. P. Bayeux (Pritch.)

S'il y a incompatibilité, c'est sans contredit entre les fonctions de député et
celles d'aide-de-camp du roi. Aussi,
M. d'Houdetot est un terrible député, il a
fait ses campagnes à la Chambre. Lieutenant-colonel sous la restauration, il est

devenu lieutenant-général sous le régime
actuel. Il faut dire que s'il ne parle jamais, il beugle souvent et menace toujours l'opposition. En votant pour Pritchard, il a osé traiter l'opposition de *lâche. Par pari refertur.*

PAULMIER. Falaise (centre gauche).
M. Paulmier fait tache dans le Calvados, ce bon département qui nous envoie
les Houdetot et les Guizot. Ces bons Nor-
mands voteraient aussi bien pour Robert
Peel ou pour Metternich; leur patriotisme irait jusque là.

GUIZOT, ministre des étrangers en
France. Lisieux. Chef du parti an-
glais.
Sir Guizot est très connu, trop connu.

Le latin, dans les mots, brave l'honnêteté,
Mais le lecteur français veut être respecté.

Pour remplir ce devoir, nous ne dirons
pas qu'elle a été, jusqu'ici, la vie du ministre doctrinaire. On l'a vu, oubliant qu'il
avait été à Gand, demander la flétrissure
contre les pèlerins de Belgrave-Square. Il
fut, dans cette mémorable séance, *flétri*

III.

lui-même aux yeux du pays, et la médaille qu'il a fait frapper à la Monnaie ne consacrera que sa honte. Jamais, du reste, un *traître* n'avait opposé tant d'impudeur à tant d'infamie.

Aujourd'hui, milord Guizot veut plagier Robert Peel; il est au-dessous d'un pareil rôle, mais, comme orateur, il a une grande puissance. Il faut déplorer son caractère et admirer un talent qu'il n'est que plus coupable de si mal employer.

DESLONGERAIS. Vire (centre gauche.)

M. Deslongérais défend souvent la bourse des contribuables. Il a voté pour toutes les réformes utiles contre la corruption politique, les annonces judiciaires et la corruption apportée par l'industrie des chemins de fer.

THIL. F. P. Pont-l'Evêque (Pritchard.)

M. Thil est né en 1781. En 1831, il votait avec l'opposition, mais la place de conseiller à la cour de cassation modifia ses votes. Depuis, tous les ministres sont pour lui infaillibles, et ce n'est que dans ses couloirs de la Chambre qu'il blâme une politique honteuse, pour laquelle il vote sans rougir. Le colonel Langlois, son rival, avait trop de mérite pour l'emporter sur lui. — M. Thil est digne de ses collègues. La nature l'avait créé pour chanter au lutrin.

CANTAL — 4 députés.

DESSAURET. F. P. Saint-Flour (Pr.)

Plus ministériel que M. Guizot, M. Dessauret était autrefois plein d'une noble ardeur, qui le conduisit à la direction des cultes, au ministère de la justice et à un siége de conseiller d'Etat. Depuis qu'il est repu, il dort souvent sur son banc, mais il est juste de dire qu'il se réveille à point pour voter. M. Dessauret est l'*os des os* de M. Martin du Nord. Il n'y a pas de quoi s'en vanter.

BONNEFONS. F. P. Aurillac (Pritchard.)

M. Bonnefons est, suivant ses amis, plein d'insuffisance judiciaire ; suivant les ministres, c'est une *borne* accomplie, il sait voter et se taire sans murmurer.

SALVAGE. F. P. Mauriac (Pritchardiste)

M. Salvage est président du tribunal de

Mauriac. Il est né en 1796, et, depuis cette époque, il a vécu.

DE CASTELLANE (marquis de). Murat (centre droit).

M. de Castellane est âgé de 31 ou 32 ans. Il a eu M. Desclozeaux pour compétiteur; comme il n'existe à Murat qu'un seul hôtel, M. de Castellane eut soin de le louer entièrement, ce qui força son compétiteur à prendre la fuite, pour éviter d'être arrêté en flagrant délit de vagabondage. M. de Castellane, propriétaire d'une grande partie de l'arrondissement, est un jeune homme pâle et maigre qui, dans les traits et dans la voix, a de grandes ressemblances avec M. le comte Molé.

CHARENTE — 5 députés.

ALBERT. Angoulême (centre gauche):

M. Albert l'a emporté sur M. Bouillaud, et nous en serions étonnés, si messieurs de l'*Epoque* ne nous avaient déjà prévenus que M. Albert était millionnaire. On conçoit qu'avec de pareils arguments

on triomphe toujours. M. Albert est un
député partisan de la coalition et de la
féodalité financière.

TESNIÈRES. F. P. Barbezieux (centre-
Pritchard).

M. Tesnières est procureur du roi,

Et son réquisitoire assomme
Les innocents et les pervers.

Rendons lui justice, il ne parle jamais
à la Chambre. Il fut pour Polignac, il est
pour Guizot c'est logique.

G. MARTELL. Cognac (centre).
L'élu de Cognac n'a certes pas emporté
avec lui l'esprit de son arrondissement.
M. Guizot dit que si Dieu lui prête l'eau
de vie, il roulera facilement sa bonne
boule au scrutin.

BÉCHAMEIL. Confolens (centre).
M. Béchameil est un plat assez prisé
chez Véfour. Nous doutons qu'il le soit dé
même au Palais-Bourbon.

TRION-MONTALEMBERT [(opposition
de droite).
M. Trion est légitimiste suivant les uns,

conservateur suivant les autres. Si M. Trion était vraiment de l'opposition, il ne serait pas aujourd'hui le successeur de M. Ernest de Girardin, loyal et courageux député, qui répondit par un mot juste et énergique à M. Guizot, qui disait : « J'ai été à Gand. » M. de Girardin rentrera à la Chambre, malgré M. Guizot et ses séides.

CHARENTE-INFÉRIEURE — 7 députés.

BETHMONT. La Rochelle, 1er collége (gauche).

M. Bethmont, un de nos meilleurs avocats et un de nos législateurs les plus distingués, est heureusement rentré à la chambre où ses lumières seront d'un grand poids dans les discussions de principes.

CHASSIRON. La Rochelle, 2e collège (Pritchardiste).

M. Chassiron est un ancien serviteur de l'empire. Il a posé pour les préfets ridicules de Béranger. Il a été auditeur au conseil-d'Etat, sous-préfet et *commissaire de police* à Osnabruck. Il lui reste encore quelques velléités *policières*.

M. Chassiron, dans les jours orageux, monte et trépigne sur son banc, prêt à mettre son écharpe et à *empoigner* l'opposition. Propriété immobilière de tous les ministères.

DESMORTIERS. Saint-Jean-d'Angély (Pritchardiste).

M. Desmortiers à droit à une bonne place dans le dictionnaire des girouettes. Il vote pour le ministère, quand même; mais il préfère le roi Rothschild à tous les autres.

DUCHATEL, ministre de l'intérieur Jonzac.

M. Duchâtel est né en 1803. Il a d'abord fait de l'économie politique dans le *Globe*, ce journal, qui a poussé si haut tous ses rédacteurs, et qu'il ne faut pas confondre avec le *Globe* de *M. Cretin de Pourceaugnac*. Après 1830, M. Duchâtel se rallia à la banquette doctrinaire de sir Guizot. M. Duchâtel a été, depuis 16 ans, ministre du commerce, des finances et de l'intérieur. Dans les questions d'intérêts secondaires. M. Duchâtel est le balon d'essai du ministère. Il est vrai que,

si par sa forme il rappelle celle d'un aë-
rostat, il est loin d'en avoir la légèreté ;
mais, en compensation, il en a le vide.
Stylé par M. Guizot, M. Duchâtel a aujourd'hui une grande habileté de discus-
sion. Il ment avec une douce tiédeur, et
nie hardiment ce qu'il fera imprimer le
soir même dans le *Moniteur*. Lors de
l'indemnité Pritchard, qui ne passa qu'à
deux voix de majorité, M. Guizot voulait
se retirer ; M. Duchâtel s'y opposa, et
grâces aux moyens imités de Walpole, le
ministère, objet d'une réprobation una-
nime dans le pays, eut à la Chambre une
majorité de 40 voix. Il est vrai que chacun connaît le *tarif* de ces conversions
subites. Aujourd'hui, M. Duchâtel a dû à
une corruption audacieuse et cynique
une majorité dans la Chambre nouvelle.
Qu'il y prenne garde, il n'est jamais pru-
dent de faire un appel aux viles et aux
mauvaises passions. Le refus de la loterie
Larochejacquelin lui fait peu d'honneur.

PROSPER CHASSELOUP-LAUBAT. F.
P. Marennes (centre gauche).

M. P. de Chasseloup-Laubat est un con-

servateur de demain ; sachons lui gré,
cependant, d'une certaine indépendance
et de certains votes.

DUMAS. F. P., aide-de-camp du roi.
Rochefort (camarilla).

M. Dumas est très indépendant, il est
aide-de-camp du roi, mais qui représente-t-il à la Chambre ? le roi ou les électeurs ?... M. Dumas, à coup sûr, ne représente guère ces derniers ; seulement, il
plaide, par sa présence, pour la loi des
incompatibilités, défendue par M. Thiers.
Quand la représentation nationale sera
sincère, M. Dumas n'en fera plus partie et
rentrera à la cour.. à la basse bien entendu.

DUFAURE. Saintes (centre gauche).

M. Dufaure appartient à ce parti mor-
cellé par tant de nuances, et qui, selon
M. de Lamartine n'a pour drapeau qu'un
mouchoir de poche. M. Dufaure est cependant un remarquable orateur. Il est
fàcheux que la faiblesse de son caractère
l'entraîne souvent à des ménagements et
à des compromis qui l'empêchent de prendre un rang parmi nos hommes d'Etat.

CHER — 4 députés.

MATER (Dolorosa), F. P., Bourges (*intra-muros*), Pritchardiste.

M. Mater-Dolorosa est doctrinaire, ami et partisan de M. Guizot. Il a voté contre la proposition de M. de Rémusat, pour les fonctionnaires publics, pour l'honnête M. Pritchard, et s'est montré le complice de toutes les mauvaises choses faites par le cabinet. Après un long ballotage la chambre a mis fin à ses misères en le faisant entrer. M. Délangle y est bien!

GAETAN **LAROCHEFOUCAULT-LIANCOURT**, Bourges (c. Pritchard).

M. Gaëtan est député depuis 1827, et depuis lors il vote pour les ministres... M. de Larochefoucault serait moins complaisant pour les Anglais, les Juifs et Guizot, s'il songeait quelques fois au nom qu'il porte. Il est honteux de voir un Larochefoucault voter pour Pritchard. Cela a l'air d'une désertion à l'ennemi.

HOCHET, Saint-Amand (centre gauche).

M. Hochet remplace le renégat Bonnaire, quelles que soient les opinions du nouveau député, il a bien débuté. C'est rendre un grand service moral au pays que de renverser un homme qui s'est parjuré avec tant de cynisme. Quant à M. Bonnaire, sa chute honteuse a brisé ses espérances.

DUVERGIER DE HAURANNE, Sancerre (centre gauche).

Ce député est un des plus habiles lieutenans de M. Thiers, pour lequel il rompt des lances dans le CONSTITUTIONNEL. On se souviendra longtemps de la polémique qu'il soutint, en 1846, contre M. Cuvillier-Fleury, du Journal des Judas. M. Duvergier de Hauranne a été doctrinaire, mais ses instincts généreux lui ont bientôt fait abandonner cette école égoïste. Ses instincts le portent vers les idées nouvelles. Le dépit de M. Guizot fut extrême quand il apprit que M. Duvergier l'abandonnait; aussi a-t-il fait combattre son élection par tous les moyens.

M. Duvergier, écrivain distingué, et ce qui est mieux, penseur profond, peut

passer à bon droit pour une des lumières
de la Chambre.

CORRÈZE — 4 députés.

DE VERNINAC, Tulle (incertain).

M. de Verninac est un honorable propriétaire dont les idées sont très modé-
rées, mais qui repousse la qualification de
ministériel. Il ne fallait pas l'être beaucoup en effet pour renverser le Pritchardiste de Valon, ex-légitimiste rallié.

DE JOUVENEL, F. P., Brives (opp. de d.)

Brives a fait seulement un changement
de gauche à droite. mais la dernière lé-
gislation nous a mis en défiance contre
les légitimistes qui sont par trop sujets
au changement de couleur. Le ministère
est loin d'être étranger à la nomination
de M. de Jouvenel.

GAUTHIER. Uzerches (c.-P.)

M. Gaûthier, qui signe d'Userches pour
se donner un faux air d'aristocratie, est
entré à la Chambre comme démocrate. Il
a déserté bientôt et il aurait voté pour

Pritchard. S'il n'avait été absent. M. Gauthier est l'élu d'un bourg-pourri.

DE SAHUNE. F. P. Ussel (c.-P.)

M. de Sahune est ce conservateur des forêts de la couronne, qui soutint avec feu Lecomte une conversation très vive..... par derrière. En 1839, pas plus tôt, M. de Sahune était de la fameuse coalition, depuis, il est Pritchardiste. Nous désirerions bien savoir ce que M. Sahune représente?

CORSE — 2 députés.

Le maréchal SEBASTIANI. F. P. Ajaccio (centre-anglais).

M. de Sébastiani, vice-roi de la Corse, a été fait maréchal de France par M. Thiers, la veille de son déménagement politique. Aussi, M. de Sébastiani est-il très dévoué à M. Guizot. Ce noble maréchal, qui faisait marcher en Espagne ses soldats de surprise en surprise, a été, bien qu'en état d'enfance politique, ambassadeur à Londres. Cet ex-beau de l'empire a parlé plusieurs fois, une fois surtout pour cette bonne Mme Pomaré, une autre fois, pour dire qu'il VOUDRAIT ÊTRE ANGLAIS. M. Sébastiani est assez mort pour être pair de France. On lui doit ce mot fameux : « l'ordre règne à Varsovie. » M. de Sebastiani est aussi le défenseur du préfet Jourdan.

***. Bastia (opinion de M. Sébastiani.

En 1842. M. Agénor de Gasparin fut élu à Bastia, en remplacement de M. Limpérani. M. Agénor ayant mécontenté M. Sébastiani, en révélant à la tribune les méfaits de l'administration centrale de la Corse, et en demandant une enquête, n'a plus été réélu. M. Sébastiani a nommé député de Bastia son aide-de-camp. C'est là un procédé cavalier ou royal ; nous doutons qu'il plaise à la France.

COTE-D'OR — 5 députés.

SAUNAC. Dijon, extra-mur. (c.-ang.-P.)

Depuis 1824, Dijon envoie cette nullité à la Chambre sans que la moutarde lui monte au nez. M. Saunac est un ex-fidèle de Villèle. C'est aujourd'hui une inébranlable borne, opposée à tout ce qui peut contribuer aux progrès des lumières,

de nos libertés et de notre gloire nationale.

MUTEAU. Dijon, intra-muros (c. g.)

M. Muteau a voté pour le 15 avril lors
de l'amnistie ; puis revenant sur cette erreur, il est venu se placer sur les bancs
de l'opposition. Depuis lors les ministres
lui ont suscité un M. Tournouer qui l'emporta sur lui en 1839, mais qui lui céda
de nouveau sa place en 1842 et 1846.

MAUGUIN. Beaune (Opposition.)

Ci-git la grande renommée de M. Mauguin, dirions-nous, si le souvenir des services de ce député ne désarmait notre cri-
tique. M. Mauguin fut après la Révolution de Juillet l'ardent et courageux adversaire de C. Perrier. Depuis quelques
années de malheureuses affaires l'ont ab-
sorbé. Il a eu le tort de manquer de principes politiques ; il a eu le malheur de
se croire trop au dessus des autres, il y
a perdu la force de son talent et l'attention de la Chambre.

VATOUT. F. P. Sémur (c.-ang.-Prit.)

M. Vatout est plus ridicule qu'on ne le
croit communément, si nous ne craignons

päs de faire rougir nos lecteurs, noüs citerions ici quelques échos liriques de ce nouveau Tibule. Mais nous nous taisons par respect pour les mœurs.

M. Vatout se mit au service de la maison d'Orléans quand il eut été destitué par les Bourbons. Il y a trouvé son compte par quatre places plus le fauteuil d'académicien qui est son idée fixe.

NISARD F. P. Châtillon (c. ang.-Pritch.)

Successeur de M. Pétot, il en a aujourd'hui la gloire. M. Nisard a été professeur au collége de France et à la Sorbonne. Il est aujourd'hui chef de division au ministère de l'instruction publique. Il discute en rhéteur avec un organe de cocher de fiacre.

COTES-DU-NORD — 6 députés.

TUEUX. Elu à St-Brieuc, intra-muros (Pritchardiste).

M. Tueux est né en 1785, il a d'abord voté avec l'opposition.

Il est avec le Ciel des accomodemens:

M. Tueux vote aujourd'hui pour la grande politique anglaise de sir Guizot.

ARMEZ. St-Brieuc, 2e collége (c. d.)

Il ne vaut pas la peine de s'armer d'indignation contre l'apostasie qui l'a fait passer du centre gauche au centre droit. L'opposition y perd si peu.

BRIGNON DE LEHEN, Dinan (op. dr.)

Il remplace M. Dutertre ; on le dit très loyal et très opposé à la grande politique.

LEGORREC. Guingamp (opposition).

M. Legorrec est un de ces nobles bretons qui tiennent à leur honneur plus qu'à leur vie ; il siége près de Dupont de l'Eure.

THIARS (général) Lannion (opposition.)

En 1814, il combattait aux buttes montmartre contre l'Etranger ; depuis 1820, il siége à la Chambre où il s'est toujours montré l'adversaire des privilèges et des monopoles ; il va sans dire qu'avec un noble caractère et un noble cœur ce chef de la gauche est l'ennemi des anglais ministériels.

GLAIS-BIZOIN, Loudéac (gauche.)

M. Glais-Bizoin est né en 1799 ; depuis 1831, il siége à la Chambre défendant avec énergie nos droits et nos libertés,

IV.

CREUSE — 4 députés.

LEYRAUD, Guéret (centre gauche).

Ce député doit être très utile à son pays car les injures de l'EPOQUE ne lui ont pas manqué. M. Duchâtel lui en veut, surtout d'avoir arraché un coin du voile qui couvrait les turpitudes électorales qui devaient donner à la France M. Cuvillier-Fleury pour député.

SALLANDROUZE, Aubusson (opposition)

M. Sallandrouze est, nous assure-t-on, un député indépendant qui votera conscieusement, alors M. Guizot ne le revendiquera pas. Il remplace M. Cornudet, enterré au Luxembourg.

EMILE DE GIRARDIN, Bourganeuf (c.).

M. Emile de Girardin est très connu, trop connu ; il y a dans sa polémique des formes aggressives qui le conduiraient plus loin qu'il ne voudrait aller, si, depuis une affaire qui lui fit peu d'honneur, il n'avait courageusement résolu de ne plus se battre. Tout cela est bien malheureux, car M. de Girardin est doué de qualités imminentes.

M. REGNAULT, Boussac (centre gauche).

M. Regnault, indépendant de toute coterie, vote suivant sa conviction pour la France et ses libertés.

MAGNE. F. P., Périgueux (centre ang.).

M. Magne est de la patrie des marcassins et des truffes. Il succède dignement à M. de Marcillac, ce journalophobe qui avait voulu exclure les journalistes de la Chambre. M. Magne ayant vu que son prédécesseur était devenu préfet à force de ministérialisme, marcha sur ses traces et mit en outre, au service du cabinet, les connaissances qu'il a en finances, ce qui lui a déjà rapporté la place de directeur du contentieux auprès de M. Laplagne.

BUGEAUD. F. P. Excideuil (camaril.)

Le point de départ de M. Bugeaud est la mort de Dulong. Ce soldat parvenu affecte des airs soldatesques pour cacher sa courtisannerie. M. Guizot le craint plus qu'il ne l'aime. Après la victoire d'Isly,

on a vu ce caporal heureux voter sans
rougir l'indemnité Pritchard. Un pareil
allié fait peu d'honneur à M. Thiers, qui
en veut faire le ministre de la guerre de
la régence.

DELAVALETTE. Bergerac (c. dr.)

M. Delavalette remplace M. Dezeime-
ris... sur son banc seulement. — Borne.

VALLETON DE GARRAUBE. F. P.(c. a.)

Chapeau bas, chapeau bas,
Devant ce superbe soldat.

Il fit ses premières armes, en 1814,
dans ces compagnies de Jéhu qui livrèrent
Bordeaux aux Anglais. Puis, après Wa-
terloo, il entra dans les Cent-Suisses. Les
électeurs de la Linde l'envoyèrent à la
Chambre en 1830, il prit aussitôt le
parti du plus fort, et cela se conçoit,
avec le nom de Valleton, on est si
bien placé au centre. A force de se dire
Valletons, M. de Garraube, lieutenant-
colonel en 1830, est aujourd'hui maréchal de camp. Il est vrai que les *vrais*
soldats ont un avancement moins rapide,

Peut-il en être autrement avec la *paix a tout prix*? Du reste, le vote Pritchard vaut bien deux campagnes.

DUSSOLIER. Nontron (opposition.)

M. Dussolier remplace le pritchardiste Saint-Aulaire, fils de l'ambassadeur. Justice a été faite.

DEBELLEYME. F. P. Riberac (c.-Prit.)

M. Debelleyme eut le courage de reconnaître les ordonnances de Charles X, il eut l'esprit de faire passer cela pour du patriotisme. Le public s'y trompa, l'erreur des rhéteurs est trop longue.

TAILLEFER. Sarlat (gauche).

Fils du conventionnel régicide, il a dit en 1842 *qu'un nom était un drapeau*. M. Taillefer, député indépendant et courageux, vote avec Dupont de l'Eure.

DOUBS — 5 députés.

CONVERS. Besançon (centre gauche).

M. Convers nous a délivré de M. de Magnoncourt, et nous lui devrions déjà de la reconnaissance s'il n'était lui-même un homme très honoreble et très indépendant,

VÉJUX. F. P. Besançon, 2e col. (Pritch.)

M. Véjux n'a fait tort qu'à lui-même en désertant à M. Guizot. Il attend encore son fauteuil à la cour royale de Paris.

CLÉMENT. Beaune (Pritchardiste).

Trop clément pour le ministère, pas assez pour lui-même.

DE MÉRODE. Montbelliard (opp. de dr.)

Les chemins de fer nous avaient donné M. Parandier, le triomphe du tracé de l'Agnon, sur celui du Doubs, nous l'a retiré. Avouons que si M. de Mérode est fidèle à sa déclaration, nous n'y perdrons pas.

DE MESMAY. Pontarlier (c.).

M. de Mesmay est un honnête homme. Auteur du projet de loi sur le sel, il a fait de nobles et courageux efforts pour obtenir la suppression de cet inique impôt. Si tous les conservateurs étaient comme lui, la France serait à eux.

DROME — 4 députés.

DE SIEYES. Valence (opp. lég.)

M. de Sieyes, parent du fameux abbé, vote pour toutes les réformes utiles, contre le ministère anglo-Guizot.

DUBOUCHAGE. Romans (opp. lég.)

M. Dubouchage est, dit-on, destiné à occuper une belle place dans la nouvelle Chambre. Nous le désirons — elle en a besoin.

MONNIER DE LA SIZÉRAME, Die (c. g.)

Ce député a demandé plusieurs dégrévements, tels que celui des ports de lettres, celui du sel, etc. Il vote consciencieusement.

NICOLAS F. P. Montbéliard (c. g.)

Il remplace M. Laurans de piètre mémoire ; ce dernier votait pour le ministère contre toutes les réformes. M. Nicolas s'est engagé à les faire triompher autant qu'il sera en son pouvoir.

EURE — 7 députés.

DE SALVANDY, Evreux (ministre).

M. de Salvandy, né en 1795, a servi

vers les dernières années de l'Empire;
puis il est entré dans les mousquetaires
rouges et de là, dans la rédaction des
Débats. M. de Salvandy batailla tant bien
que mal contre les Bourbons. M. Nisard
a chanté son histoire; nommé député
par l'arrondissement d'Evreux, en 1836,
M. de Salvandy fut pour et contre le
ministère, par caprice. Il a remplacé
M. de Villemain au ministère de l'instruction publique où il s'est fait bientôt connaître par sa ridicule campagne contre
l'Université et par sa distribution de
croix plus ridicule encore. Il épouvanta
un jour la Chambre lorsque, après avoir
péroré pendant quatre heures, il annonça
qu'il n'était qu'à la moitié de son discours.
M. de Salvandy a remplacé M. Dupont
de l'Eure, élu à Brionne.

GARNIER-PAGÈS. Verneuil (gauche).

Digne héritier du nom glorieux de son
frère, M. Garnier-Pagès s'est fait une
place à la Chambre par son patriotisme
éclairé et ses connaissances spéciales.
On lui doit des révélations courageuses
sur les fonds espagnols et les chemins de

fer. Le pays lui doit sa reconnaissance pour les millions qu'il a enlevés à l'agiotage et à l'usure.

ANTOINE PASSY. Les Andelys (centre.)

Passans qui passez par ici,
Ce fut un tour de passe passe
Qui fit ici
Passer Passy,
Dont la France se passe.

A. LEPRÉVOST, Bernay (Pritchard.)

Une nullité qui vote pour M. Guizot, voilà tout.

CHARLES LAFFITTE, Louviers (centre-anglais-agio,)

M. Ch. Laffitte est bien oublieux du nom qu'il porte ; il est à la Chambre en vertu d'un traité signé avec ses électeurs. Plut au ciel que nous n'eussions que cela à lui reprocher. Jacques Laffitte en rougissait, il est vrai qu'il y avait de quoi — mais tout cela aura un terme, les millions s'épuisent, et l'opinion commence a juger sévèrement tous les maltotiers, traitans et banquiers du jour. Du reste, ajoutons que M. Laffitte est moitié anglais moitié juif.

HÉBERT, F. P. Pont-Audemer (c.-Pr.)

L'inventeur de la complicité morale, nommé par un collége qui nommait autrefois Dupont de l'Eure, cela fait rougir pour les électeurs et pour l'homme qui a osé se faire élire.

DUPONT (de l'Eure), Brionne (gauche.)

En 1842, M. Dupont de l'Eure fut élu par trois colléges, il opta pour celui d'Évreux. Cette année c'est à peine si un collége l'a élu ; les Français seraient-ils donc comme les Athéniens fatigués de l'entendre appeler le vertueux ?

EURE-ET-LOIRE — 4 députés.

CHASLES, Chartres (cent.-Pritchard.)

Bonne boule — pour les ministres quels qu'ils soient.

RAIMBAULT, Châteaudun (cent. gauc.)

Ce député a refusé de contribuer à l'érection d'une fontaine qui devait faire un bien immense à la ville.

On dit que pour deux sols d'une ardeur héroïque,
Il se ferait fesser sur la place publique.

Jamais son nom n'a figuré sur une liste de souscription.

DESMOUSSEAUX DE GIVRÉ, Dreux (centre-Pritchard.)

Bavard comme une portière, éloquent comme un sansonnet. Grâce à sa surdité il n'entend jamais les interpellations. Quand il monte à la tribune, c'est pour toute une séance. M. Bugeaud fut un jour obligé de le descendre dans ses bras — arrivé sur son banc il parlait encore.

SUBERVIC (le général), Nogent-le-Rotrou.

C'est à Nogent-le-Rotrou que le juif Péreire voulait creuser son trou, grâce aux moyens dont il dispose et à l'amitié de son roi Rothschild Ier, il croyait l'emporter, mais la corruption et les chemins de fer ont été impuissans, et le brave général n'a eu que la honte de lutter contre un adversaire si peu digne de lui.

FINISTÈRE — 6 députés.

LACROSSE, Brest (gauche).

Ce député est doué du courage civil et du courage militaire. Un crétin de Pourceaugnac l'ayant insulté dans la mémoire de son père, il le provoqua et fut blessé.

M. Lacrosse a forcé le ministère de réorganiser notre marine, ce qui fait que les Anglais se sont déclarés ses mortels ennemis.

Emm. DE LAS CAZES, Landernau (c. P.)
Fils de l'auteur du *Mémorial de Ste-Hélène*. Il a trahi l'opposition et passé aux Anglais.

GOURY, F. P., Chateaudun (centre P.)
Ingénieur divisionnaire des ponts-et-chaussées, qui, pour marcher, s'est fait *borne*. — Il est si gros !

DUDRESNAY, Morlaix (opp. de droite).
Successeur du brave amiral Lalande, il vote contre le ministère.

DE CARNÉ, Quimper (centre).
M. de Carné, auteur de plusieurs ouvrages estimés, vote avec le centre, il a cependant voté contre Pritchard pour la France.

DROUILLARD, Quimperlé (centre).
Il remplace le marquis de l'Angle; c'est facile, il siége au centre : cela produit.

GARD — 5 députés.

GÉNÉRAL FEUCHÈRES, F. P., Nîmes (conservateur).

Le général Feuchères a réfusé sa part de la succession du prince de Condé. Qu'en a-t-on pensé au château? Cependant, M. Feuchères est conservateur, et remplace un homme de cœur, M. Béchard. Le nom de M. Feuchères rappellera à certaines gens l'*espagnolette* de Saint-Leu.

TEULON, F. P., Nîmes (gauche).

M. Teulon, conseiller à la Cour royale de Nîmes, est né en 1793; c'est un des députés les plus fermes et les plus honorés de la Chambre. Nous n'avons pas besoin de dire quels sont ses votes.

DE LAFARELLE, Alais (cent. Pritch.).

Une *borne*, bornée aux quatre points cardinaux.

TESTE fils, F. P., Uzès (cent. Pritch.).

M. Teste remplace un mauvais avocat que l'amour-propre avait jeté dans le parti ministériel, *par pari refertur.*

CHABAUD-LATOUR Vigan (c. Pritch.)

Encore un soldat qui a voté le déshonneur Pritchard. Lieutenant du génie en 1830, il est devenu *à la Chambre* lieutenant-colonel de cette arme.

GARONNE (Hautes) — 6 députés.

TOULOUSE, 1er et 3me Collége.

Sous prétexte qu'elle a un Capitole, Toulouse s'est permis d'envoyer des oies à la Chambre. Leurs noms sont :

TAURIAC. — CABANIS.

DE GENOUDE, 2me Collége, Toulouse (opposition légitimiste).

M. de Genoude, un de nos publicistes les plus distingués, fait enfin partie de la Chambre la plus déplorable qu'il y ait eu depuis 1830. En le nommant, les Toulousains ont voulu donner une fameuse calotte à sir Guizot.

DE RÉMUSAT, Muret (centre gauche).

L'auteur d'*Abeilard* est un homme très distingué qui a fait à la Chambre plusieurs propositions de réformes que les bornes se sont empressées de repousser. Il est fâcheux que M. de Rémusat soit moins libéral quand il est ministre.

LAPÈNE, Saint-Gaudens (centre).

M. Lapène remplace le renégat Pritchardiste Amilhau, mais il siège au centre ; c'était bien la peine.

MARTIN, F. P., Villefranche (Pritchard).

Il y a plus d'un âne à la foire qui s'appelle Martin. Notre Martin est Pritchardiste.

GERS — 5 députés.

BARADA F. P. Auch (cent. Pritchard.)

Ce deputé fit de l'opposition en 1839, pour se faire nommer conseiller maître à la cour des comptes, la place obtenue il revint au giron ministériel.

JULES PERSIL F. P. Condom (c.-Pr.)

Le collége de Condom appartient à la dynastie des Persil ; le père étant devenu pair le céda à son fils Eugène, qui en mourant le céda à son frères Jules. C'est très édifiant. — Inutile de dire que M. Jules est une nullité, il est trop Persil pour être autre chose.

LAFFERONAYS, Lectoure.

M. de Salvandy ayant opté pourEvreux, un légitimiste rallié lui a succédé. Nous désirons qu'il ne gâte pas son nom dans les bas-fonds du ministérialisme, ce que Lamarque appelait une *halte dans la boue*

LÉONCE DE LAVERGNE F. P. Lombey (centre.)

M. Léonce de Lavergne, employé supérieur au ministère des affaires étrangères, a remplacé M. Pannat.

LACAVE-LAPLAGNE, ministre des finances (Mirande.)

M. Lacave-Laplagne a grévé le budget de 13,000 francs pour éloigner de Paris M. son fils poursuivi pour dettes, c'est au père et non à l'état qu'il appartient de payer les fredaines d'un dissipateur. La fille de ce ministre a apporté en dot à son mari une recette générale. M. Lacave a été peu flatté de notre avis; nous sommes cependant bien indulgents, et nous pourrions dire des choses plus curieuses et tout aussi vraies.

..... Oh , ministres intègres,
Conseillers vertueux, voilà votre façon
De servir, serviteur qui pillez la maison.

GIRONDE — 9 députés.

BLANQUI. Bordeaux 1ᵉʳ collége (cent.)

M. Blanqui est un économiste distingué qui a tout sacrifié à son ambition. Jamais il n'a dit une parole en faveur de son frère, le noble et généreux Blanqui. On dit qu'il défendra la liberté du commerce. M. Blanqui devrait se souvenir qu'elle n'est rien sans les autres.

DUCOS, Bordeaux, 2ᵉ collége (c. g.)

Orateur élégant et facile, M. Ducos se sert de son talent pour défendre l'honneur et les libertés de la France.

DE BASTARD, Bordeaux 3ᵉ coll. (c.)

S'il marche sur les traces du fameux Bastard il ira loin.

ROUL, Bordeaux, 4ᵉ collége (c. a. Pr.)

Autrefois M. Roul parlait en faveur du ministère, aujourd'hui il vote en muet. C'est un succès... pour M. Guizot, car il n'a pas l'esprit de son vin.

GALOS, Bazas F. P. (centre Pritch.)

Talent 0 — probité politique 0 — esprit 0 — patriotisme 0. —

V.

LAGRANGE (marquis), Blaye (c. Pr.)

Ex-légitimiste défroqué, passé aux anglais.

LAWTON, Lesparre (centre droit.)

Lisez plus haut la biographie de M. Galos.

FEUILHADE-CHAUVIN, Libourne (op.)

M. Feuilhade a été assez chauvin pour rappeler les ministres à l'observation des lois, autant aurait valu rappeler le programme de l'Hôtel-de-Ville ou invoquer la probité d'un agioteur. Ce député est, du reste, trop honnête homme et trop loyal pour une pareille Chambre.

MAZET, La Réole (oppos.)

M. Mazet remplace M. Hervé le pritchardiste. Nous attendons le nouvel élu au scrutin et après les tentatives de corruption.

HÉRAULT — 6 députés.

ZOÉ GRANIER, Montpellier (c. ang.)

M. Granier, vulgairement Zozo, se

crut Zoé et destiné comme tel à de grandes destinées... l'an 2000.

REYNAUD, Montpellier (cent. droit).

M. Reynaud, maire de Montpellier, a remplacé M. de Larcy; le même soir la population entière le huait. Du reste, qu'est-ce que M. Reynaud ?

DÉBES, Béziers (centre.)

Une des gloires de l'appel nominal... il vote en borne très bornée.

TEISSERENC F. P. Pézénas (c. fin.)-

Député locomotive, M. Teisserenc ne représente qu'un embranchement.

FOULD (BENOIT), Saint-Pons (financier)

M. Fould est un traitant dont l'histoire est assez drôlement racontée dans le fameux *Rothschild Ier*. Ce juif a été élu pour avoir fait réparer le clocher de la paroisse. Il va à la Chambre faire ses *betites affaires*. On évalue à 50,000 fr. les frais d'élection de ce Benoît là.

E VIGÈR, Lodève (centre Pritchard).
Nous n'en dirons pas davantage :

ILE-ET-VILAINE — 7 députés.

JOLLIVET. Rennes, 1. (c. g.)
Ce député est délégué des colonies. Il passe de droite à gauche avec une égale facilité. C'est, du reste, un parfait honnête homme.

LEGRAVERAND. Rennes, 2 (c. g.)
C'est un des plus fermes députés de l'opposition Il a repoussé les actes déshonorants de sir Guizot.

BERTHOIS. F. P. Saint-Malo (c. Prit.)
Très éloquent dans les couloirs de la Chambre. Quand M. Ledru-Rollin est à la tribune, il a l'air d'un chat effrayé. Qui représente-t-il ? Il est aide-de-camp du roi. Oh ! alors.

DE LA PLESSE. Vitré (c. g.)
Siége à gauche, et prouve que c'est le côté du cœur.

DE MONTHIERRY. Fougères (o. de g.)

Son opposition, bien que silencieuse, est ferme et constante. C'est une borne du progrès.

DE FERMON. Redon (c.).

N'a pas voté pour Pritchard, mais contre la loi sur les députés fonctionnaires.

D'AUDIGNÉ DE LA CHASSE. Montfort (centre gauche).

Député indépendant, qui proteste courageusement contre tous les actes d'un ministère anti-national. Le ministère est fâché de le revoir.

INDRE — 4 députés.

MURET DE BORT. Châteauroux (fin.).

Député financier et chemin de fer. Sous prétexte qu'il a un gendre ingénieur, et un ami banquier, les questions de finance et de tracé le regardent exclusivement. C'est un bon ami du *pauvre Jacques...* Lefebvre, du bon Pritchard, de Russell et de Guizot, ces bons Anglais de Londres et de Paris.

CHABAUD-LINNETIÈRES. Issoudun (e.)

Il n'a rien fait, ne fera rien, et ne représente rien.

DELAVEAU. La Châtre (c. g.)

Honnête homme qui, ainsi que les honnêtes filles, fait peu parler de lui. Il vote avec la gauche.

LESCOT DE LA MILANDRERIE. Leblanc (centre).

Conservateur honnête, M. Lescot s'est souvent élevé contre la politique anglaise de sir Guizot, mais il n'a pas discontinué de la servir.

INDRE-ET-LOIRE — 4 députés.

GOUIN. Tours (c. g.)

C'est un sec puritain, enfoncé dans son coin,
Et qu'on ne peut nommer sans rire, M. Gouin.

Il avait juré de ne pas toucher aux actions des chemins de fer. Le vent emporta la feuille et le serment. M. Gouin était une des *lanternes* du 1er mars.

C. BACOT. Tours (c. g.)

Il a rendu de grands services au pays, qu'il sert avec énergie et dévouement. Il a porté la lumière sur les affaires de l'Algérie.

F. BARROT. Loches (c. g.)

Clair de lune du grand Odilon, partage quelquefois avec le grand Chambolle le plaisir d'émailler de sa prose les colonnes du petit siècle.

CRÉMIEUX. Chinon (gauche).

Avocat célèbre et plein d'esprit, il siége depuis peu à la Chambre, où il a su se faire une place brillante. Il demande sans cesse les réformes utiles, et sa carrière parlementaire est une des mieux remplies. M. Crémieux est israélite, c'est un titre de gloire pour ses coreligionnaires.

ISÈRE — 7 députés.

C. ROYER. Grenoble, 1er col. (gauche).

M. Royer remplace le pritchardiste Perrier, frère de l'ancien ministre. Il siége à gauche.

F. RÉAL. Grenoble, 2e coll, (c.=P.)

Caméléo-caméléoni Réal a marché de désertion en désertion au fauteuil d'avocat-général. Il est chevalier de la légion-d'honneur et chevalier de l'ordre des girouettes. Les habitants de Grenoble commencent à en être las. Il est bien tard.

LOMBARD DE BUFFIÈRES, Vienne, 1er collége (centre).

0 plus 0 a remplacé 0, voilà tout.

JOURDAN. Vienne, 2e collége (centre.)

Jourdan quoi? Jourdan de qui? Jourdan de rien.

DE BÉRANGER, Saint-Marcellin (centre)

N'est nullement de la famille du poète. On a trop d'esprit dans cette famille là.

MARION F. P. La Tour du Pin (c. g.)

Conseiller à la cour royale, il vote contre le ministère.

SAPEY, Voiron (centre gauche).

Doyen d'âge de la Chambre, il siége au centre et vote avec la gauche. Il a plusieurs fois présidé la Chambre avec impartialité.

JURA — 4 députés.

DE PARCEY, Dôle (centre-anglais.)

Une borne et une bonne boule... pour le ministère.

CORDIER, Lons-le-Saulnier (gauche).

M. Cordier a été dupe dans cette grande comédie des chemins de fer dans laquelle il y en a tant qui ont été fripons. M. Cordier est un homme spécial qui a sur les travaux publics des idées toujours larges et parfois profondes. Depuis 1830, M. Cordier combat pour la liberté.

POUILLET F. P. Poligny (c.-ang.)

Comment un homme de sa valeur est-il ministériel ? parce qu'il faut des chiffres devant les zéros.

DALLOZ F. P. Saint-Claude (c.-Pr.)

L'élu de Saint-Claude est très connu comme jurisconsulte distingué et comme mari... infortuné, après son nom la lettre C... signifie autre chose encore que conservateur.

LANDES — 3 députés.

LAURENCE. Mont-de-Marsan (c.P.)

Le plus déplorable membre de la Chambre la plus déplorable, de plus, Rénégat et... nous n'en dirons pas davantage.

D'ETCHEGOYEN. Dax (e.-P.)

Ministériel par monomanie. Ennemi des réformes par imbécilité.

LARNAC, secrétaire du duc de Nemours. Saint-Sever (c. anglais.)

M. Durrieu a remplacé Lamarque, M. Larnac a remplacé M. Durrieu ; de mal en pis. M. de Larnac représente à la Chambre le *patriotisme* et la *popularité* de M. de Nemours. Total, 0.

LOIR-ET-CHER — 3 députés.

BERGEVIN. Blois (c.-P.)

M. Bergevin remplace M. Dubelleyme fils ; ce n'est pas la première fois que nous voyons un 0 remplacer un chiffre.

DURAND DE ROMORANTIN (gauche.)

Ame élevée, esprit ferme et ardent, il rappelle quelquefois les ministres au sentiment du devoir. Il repousse de toutes ses forces les mesures anti-françaises du voyageur de Gand.

DESSAIGNE. Vendôme (c.)

M. Dessaigne est un nouveau ventru

élu par la plus cinique corruption.

Il en a l'esprit et la docilité.

LOIRE — 5 députés.

LANYER, conseill. d'Etat. St-Etienne (c.)
Conduit M. Dessaigne... au scrutin.
Il a cependant refusé de voter pour
Pritchard.

DUROSIER. Fleurs (gauche)
Les citoyens de Fleurs devaient néces-
sairement confier le sceptre à Durosier.
Ajoutons qu'il est digne de le porter.

DE FOGÈRES. Saint-Chamont (c. d.)
Les efforts du ministère lui ont seuls
donné la victoire. M. Gaulthier, son prédécesseur, était un homme loyal et honnête qui siégeait à gauche.

LACHÈZE. Montbrison. F. P. (c. P.)
Il vote comme son père, par dévoué-
ment filial; les Lachèze sont ventrus de
père en fils, celui-ci est président de tribunal.

DE RENNEVILLE Beaune (opp. de dr.)

Il remplace ce M. Baude, dont on écrivait l'histoire en un mot quand on ajoutait un T à son nom. M. de Renneville a été élu par toutes les oppositions.

HAUTE-LOIRE — 3 députés.

RICHON DES BRUS, conseiller de préfecture. Puy (c.-P.)

Ce député est entré à la Chambre comme l'aigle de son endroit, il n'en était pas même le coq, mais il en est resté (politiquement) le chapon ; il vote, vote et vote toujours.

SALVETON. F. P. Brioude (c.)

Ce député augmente le chiffre des bornes conservatrices.

MARQUIS DE LAFRESSANGE. Yssengeaux (c-Pritchard.)

M. le marquis est, par tolérance sans doute, de l'avis de tout le monde. Il est, dit-il, souvent légitimiste ; mais c'est avec de pareils légitimistes que l'on fait les Dugabé et les Béthisy.

LOIRE-INFÉRIEURE — 6 députés.

DUBOIS. F. P. Nantes, 1er coll. (opp.)

Zélé défenseur de nos libertés et de notre gloire, il a mérité, depuis plusieurs années, l'honneur de représenter à la Chambre une des villes les plus patriotiques de la France.

LANJUINAIS. Pont-Rousseau (c. g.)

J'aime peu le centre gauche, parce qu'il manque de couleur, parce qu'il endort et énerve. Je ne puis cependant m'empêcher de rendre justice à la droiture des intentions de M. Lanjuinais. Il a, du reste, rendu de grands services.

BILLAULT. Ancenis (c.-g.)

Jeune et éloquent, il s'est fait, en peu d'années, une fort belle réputation par la défense du commerce français, de l'honneur national et des deniers des contribuables. Il a forcé lord Guizot de déchirer le *droit de visite*. Le désaveu de l'amiral Dupetit-Thouars et l'affaire Pritchard lui ont fourni les moyens de faire connaître au peuple quel était le pouvoir abrutissant qui pesait sur nos fronts.

Hélas, de si beaux commencements ont abouti à un retour vers la dynastie dont M. Billault est avocat.

DeLAHAYE-JOUSSELIN, administrateur des biens du duc d'Aumale. Chateaubriand.

M. de Lahaye pense au pays lorsque les affaires de M. d'Aumale lui en laissent le temps. Il en est alors très occupé... mais il n'en a pas eu le temps encore. Electeurs, nommez un perchoir à sa place et vous en aurez tout autant.

COLOMBEL. Paimbeuf (gauche).

Homme ferme et énergique. Il remplace l'amiral le Ray, si complaisant pour les Anglais et pour M. Pritchard.

TERNAUX-COMPANS. F. P. Savenay (centre-gauche).

Esprit vif et original. Il bat le ministère avec ses propres armes, et défend les intérêts de la France en vrai représentant.

LOIRET — 5 députés.

DE LOYNES. Pithiviers (c.-P.)
[Nommé par le concours de l'opposi-

tion en place du *déserteur* Lejeune, il est plus ministériel que les ministres. Il a voté pour Pritchard et pour la corruption politique. On ne dit pas qu'il en aie rougi.

ABATTUCCI F. P. Orléans (c. g.)

Il siége depuis 1839, bien que son alliance avec le centre gauche lui ait fait bien du tort à Orléans. On dit « qu'il ob-»tiendrait de grands succès oratoires s'il »parlait à la tribune, par malheur, il n'y »parle jamais » (Naïveté de la Biographie Pagnerre). M. Abattucci vote, du reste, avec la gauche.

LECOULTREUX. Orléans (c.)

Il remplace un *maraud* de la dynastie *Sévin*. Ses titres sont peu nombreux : il est châtelain, fils d'un conventionnel, et possède une fortune très considérable. On l'a préféré à M. Danicourt. Les écus pèsent plus que le mérite.

BARON ROGER. Gien (c. g.)

M. le baron Roger, ex-gouverneur du Sénégal, s'est opposé avec une généreuse indignation au projet de loi de déportation présenté par nos bons ministres. Il est né en 1787, et professe des opinions très libérales.

DE SALLES. Montargis (c.)

Il remplace M. Cotelle, député d'une opposition douteuse, qui lui a livré l'arrondissement en se portant à Paris contre l'honorable M. Carnot.

LOT — 5 députés.

BOUDOUSQUIÉ, Cahors 1er c. (gauche).

Ancien procureur-général nommé par M. Dupont de l'Eure. Il est l'adversaire des lois liberticides, des dotations et des apanages ; à part M. Boudousquié, le département du Lot en a un bien mauvais.

P. DE MIRANDOLE, Cahors, 2e (centre).

Cayx l'avait remplacé, il a remplacé Cayx. M. de Mirandole a eu quelques velléités d'indépendance ; à tout prendre, il vaut mieux que son prédécesseur.

DE SALGUES, Figeac (centre).

Ancien sous-préfet, il vote gouvernementalement et suit la bannière du 29 octobre.

CALMON, F. P., Gourdon (centre).

M. Calmon a si bien manœuvré que tous les partis le revendiquent. En fait, M. Calmon, directeur de l'enregistrement et des domaines, peut déplorer l'état actuel de la France, mais il vote pour sir Guizot. Il est père de famille et chef de la belle dynastie des Calmon. Il a voté pour M. Pritchard.

CALMON fils, Martel (centre).

Les électeurs de Martel étaient las d'avoir un député honnête, intelligent et grand travailleur. Ils ont préféré un Calmon, élu par la vénalité et la corruption; grand bien leur fasse. Ce dernier lot est le plus fichu lot du département du Lot.

LOT ET GARONNE — 5 députés.

DUMON, Agen (ministre des travaux publics.)

M. Sylvain Dumon est né en 1797, il a succédé à M. Teste. Les uns le disent bon homme comme M. Cunin, les autres di

VI.

sent qu'il fait un détestable ministre, tout
ce que nous savons, c'est qu'il s'est montré plus soucieux des intérêts des finan-
ciers agioteurs que de ceux de la France.
M. Dumon a vu l'agiotage et ne l'a pas
empêché. Il a protégé la compagnie des
Trois-Ponts-sur-Seine, bien que cette
compagnie reçoive un droit de péage qui
est aujourd'hui un *vol fait un peuple*,
et cela quand son gendre est un des prin-
cipaux actionnaires de cette odieuse compagnie. M. Dumon enfin, en prononçant
l'adjudication frauduleuse du chemin de
fer du Nord, a livré au juif Rothschild les
richesses de la France, qu'il était de son
devoir de conserver et de défendre contre
les traitans.

CHAUDORDY, F. P., Agen, 2e (c. P.).
La complaisance de cette borne a été
récompensée. Il vient d'être nommé président de Chambre, bien qu'il ne soit que
le dix-neuvième sur la liste. Les Pritchardistes ont des droits acquis.

Vte DE RICHEMOND, Marmande (centre
douteux).
Il a refusé de voter pour Pritchard,

mais il vote habituellement avec le ministère, et n'est de l'opposition que devant
les électeurs.

DUTHILH, Nérac (centre Pritchard).

Dût-il s'en formaliser, je dirai à M. Duthilh que j'aime peu les renégats, et qu'un
honnête homme doit, avant tout, tenir à
à ses engagemens. Or, M. Duthilh a été
nommé par l'opposition.

CH. DE LESSEPS, Villeneuve-d'Agen (g.)

M. de Lesseps est un de nos meilleurs
journalistes, seulement il aurait dû attendre que la législature fut mieux compo-
sée pour en faire partie, que va-t-il faire
dans cette galère. Je sais bien qu'il nous
a débarrassé de l'*homme Centaure* (Pa-
ganel), mais ce n'était pas une raison pour
faire partie d'une minorité trop faible
pour être forte, trop nombreuse pour savoir se grouper et avoir de l'énergie.

LOZÈRE — 3 députés.

RIVIÈRE DE LARQUE, F. P., Mende
(centre Pritchard).

Ah ! Mende ! Mende, tu devrais y être
condamnée, pour nous servir encore ce

plat réchauffé d'un député dont on connaît le tarif. M. Rivière est aujourd'hui conseiller référendaire à la Cour des comptes.

MEYNADIER (comte), F. P., Florac (centre Pritchard).

M. Meynadier est lieutenant-général et il a voté sans rougir l'indemnité Pritchard, c'est honteux pour un militaire, mais c'est naturel pour un ventru.

CHAZOT, Marvejols (centre).

Depuis dix ans, M. Chazot est en face de M. Toye. En 1842, M. Toye l'emporta en promettant la diminution des impôts qui augmentèrent. « Ce n'est pas ma faute, dit M. Toye, M. Chazot les avait votés pour *dix ans.* » Il faut que je vote encore cinq ans à la Chambre pour pouvoir vous être utile. Les électeurs n'ont pas voulu attendre.

MAINE-ET-LOIRE — 7 députés.

FARRAN, Angers, 1er coll. (gauche).

M. Farran est un bon citoyen fort aimé des Angevins, qui n'aiment guère le Giraud que M. Duchâtel leur a infligé, et qui, depuis cinq ans, est la cause d'un déplorable conflit.

BINEAU, F. P., Angers, 2e coll. (gauche).

Ingénieur en chef des mines, il se rend très utile à la Chambre dans les questions spéciales. Comme orateur, il a la voix sonore et l'éloquence très facile. Il a voté contre les lois liberticides et corruptrices.

DUTIER, Baugé (gauche).

M. Dutier a remplacé M. Ch. Giraud, frère du maire d'Angers. Député énergique et courageux. il embarrasse fort M. Guizot, qui n'a rien négligé pour en priver la Chambre.

QUATREBARBES, Cholet (oppos. légit.).

Ce député légitimiste remplace le Pritchardiste Poudret, passé à l'ennemi dans la dernière session. M. Quatrebarbes a été nommé par toutes oppositions dont il a adopté le programme général.

OUDINOT (marquis), F. P., Saumur (g.)

M. Benjamin Delessert était depuis trop longtemps le député de Saumur. Quand M. Oudinot vint le remplacer. Les manœuvres de tout genre ont été employées en

1842 et 1846, pour éloigner l'honorable général. Il n'en a pas moins été élu, et le ministère le regarde comme un ennemi dangereux. M. Oudinot, en effet, n'a voulu salir ni son nom, ni ses épaulettes en votant pour Pritchard. Il s'est souvenu qu'un militaire ne devait gagner ses grades que sur-le-champ de bataille, et que si le courage civil était rare, il en était plus glorieux.

TESSIÉ DE LA MOTTE, Doué (gauche).

Condamné à mort par contumace sous la Restauration, ce député a fait preuve d'une énergie et d'une fermeté qui ne se sont pas encore démenties, il vote pour la France.

DE FALLOUX, Ségré (légitimiste).

M. de Falloux a remplacé M. Journaulx. Le monde n'y perdra rien et n'y gagnera rien non plus.

MANCHE — 8 députés.

HAVIN, Saint-Lô (gauche).

M. Havin est un des hommes les plus honnêtes et les plus estimés de la Chambre, c'est pourquoi il est journellement

attaqué par M. Gredin de Pourceugnac
et par le préfet de la Manche. Les séides
de M. Guizot comprennent qu'un honnête
homme, s'il n'est pas sourd et aveugle,
ne peut pas être de leur parti.

DE PLAISANCE, Carantan (centre).

M. de Plaisance, un parfait gentilhomme de l'*œil-de-bœuf* de la Cour citoyenne,
a remplacé M. Vieillard. Les habitans de
Carantan ne voulaient plus sans doute un
Vieillard de cet âge. M. de Plaisance est
plus noblement rococo, rocaille, Pom-
padour et régence.

MESLIN (général), Cherbourg (centre).

La ville qui nommait le brave et loyal
Briqueville, nous envoie aujourd'hui M.
Meslin, un de ces généraux qui ne recou-
vrent pas même leurs épaulettes pour
voter la honte de la France... Ces gens-là
portent cependant une épée.

DE TOCQUEVILLE, Valognes (gauche).

M. de Tocqueville a frappé partout
avec son ouvrage de la *Démocratie en
Amérique*. Cet ouvrage lui a ouvert toutes les portes, mais il serait temps qu'il en
fît un autre d'un mérite égal, les meilleu-

rés choses ont une fin. M. de Tocqueville aurait eu droit à notre reconnaissance s'il ne nous avait pas doté du système cellulaire. MM. les philanthropes devraient bien faire leurs essais sur eux-mêmes.

QUESNAULT, F. P., Coutances (c. P.).
Cet élu est un des fidèles de tous les ministères. Il est de la nature des chats qui s'attachent plutôt à la maison qu'au maître. M. Quesnault a su devenir avocat-général à la cour de cassation ; il est vrai qu'il n'a jamais qu'une boule blanche.

RIHOUET, F. P., Périers (centre).
Ce grand homme... à Périers, serait bien petit à Paris ; cependant c'est un élu de l'unanimité. Aussi vote-t-il lui-même comme ses électeurs.

LEGRAND, F. P., Mortain (centre).
Il n'a de grand que le nom, bien qu'en *son* ministère des travaux publics, il règne en pacha, sous le titre de secrétaire-général. M. Legrand a beau être plein de suffisance, on ne le prendra jamais pour un homme suffisant.

ABRAHAM DUBOIS, F. P., Avranches (g.).

Né en 1792, conseiller référendaire à la Cour des comptes, il appartient à la Révolution par ses sympathies généreuses.

MARNE — 6 députés.

LÉON FAUCHER. Reims, 1er coll (gauc.)

M. Léon Faucher est un écrivain qui a quitté la plume pour la locomotive. Comme journaliste indépendant, il a été battu; comme directeur de chemin de fer il a été élu... Cela ne fait pas l'éloge des électeurs. M. Chaix-d'Est-Ange était son adversaire, ce député avocat des mauvaises causes, défendait mal le ministère, il est vrai que M. Guizot est un accusé dont on voit rarement couler les larmes; de plus, une gratification de 1200 fr., promise à un homme indépendant en échange de son vote, a fait le plus grand tort à Me Chaix, qui devra ne plus plaider qu'au tribunal, pour des aimables fils comme Donon-Cadot, où pour de séduisantes veuves.

DE BUSSIÈRES, Reims, 2º coll. (c. P.).

M. de Bussières s'appelle *Brocard*, à cause de ceux que lui ont valu ses votes ministériels et anti-nationaux.

DOZON-HOUREAU, F. P., Chalons (centre Pritchard).

M. Dozon a été légitimiste, puis juste-milieu. C'est un des zéros de la majorité.

J. PÉRIER, Epernay (centre Pritchard).

M. Périer est banquier, doctrinaire et Pritchardiste. Je ne trouve pas pour lui de circonstances atténuantes.

PÉRIGNON (baron), F. P., Sainte-Mênéhould (gauche).

M. de Pérignon est né en 1804, il a été élu pour la première fois en 1837. Il a déclaré qu'il renonçait à tout avancement de faveur, et depuis il est resté simple juge au tribunal de la Seine.

LENOBLE, Vitry-sur-Marne (c. Pritch.).

Rien de moins noble que la conduite de ce député Pritchardiste.

HAUTE-MARNE — 4 députés.

DE POMMEROY, Langres (cent. Pritch.)

Légitimiste rallié, il est digne de s'asseoir à côté de M. Dugabé, de triste mémoire. Il a voté pour M. Guizot et pour Pritchard. Il voterait pour le diable, s'il était ministre.

DUVAL DE FRAVILLE, Chaumont (Prit.)

Mons. Duval a été conseiller de préfecture et maire de Chaumont. Il fait partie, depuis 1834, du mobilier de chaque ministère.

D'UZÈS (duc), Bourbonne (Pritchard.),

Si les eaux de Bourbonne pouvaient tout laver, nous en conseillerions l'usage à ce duc, dont la réputation est plus usée que le nom.

PELTEREAU-VILLENEUVE, Vassy (P.),

M. Peltereau complète dignement la députation de son département. Elu en 1842 par les électeurs de l'opposition, il déserta avec cynisme le lendemain du vote de l'adresse. En 1844, il s'opposa au passage d'un chemin de fer, sous prétexte qu'étant seigneur châtelain, il lui fallait un canal. « Je veux le canal de Donjeux, écrivait-il, vous aurez bon gré, mal gré, le canal de Donjeux. » En 1846, le digne homme a changé d'avis, il veut un chemin de fer. Depuis les actions du Nord, les chemins de fer plaisent à ces Messieurs.

MAYENNE — 5 députés.

S. LAVALETTE, Laval, 1er coll. (c. g.).

M. Lavalette, agriculteur distingué, très honoré à Laval, vote avec M. Odilon-Barrot. Il siége depuis 1837.

BOUDET, F. P., Laval, 2e coll. (c. g.).

Né en 1802, ancien avocat à la Cour royale de Paris, conseiller d'État en service extraordinaire, vote avec la gauche, mais ne parle pas.

BIGOT, Mayenne, 1er coll. (cent. gauc.).

M. Bigot, de l'opposition, remplace M. Chenais, de l'opposition. C'est un nouveau député : attendons.

LETOURNEUX, Mayenne, 2e coll. (c. g.)

Depuis 1834, il est resté fidèle à son mandat, il vote contre M. Guizot.

MARTINET, Chateau-Gonthier (centre).

La Chambre a trop souvent mérité le Martinet; elle l'a, j'espère que sir Guizot s'en servira.

Et zon, zon, petit polisson.

MEURTHE — 6 députés.

MOREAU, F. P., Nancy 1er coll. (c. P.).

A force de voter pour les ministres, il est devenu premier président de la Cour royale de Nancy. Borne.

DE LACOSTE (baron), F. P., Nancy, 2e coll. (centre Pritchard).

M. de Lacoste est né en 1789, il servait comme chef d'escadron dans le 9e d'artillerie. Il est aujourd'hui maréchal de camp, grâce à la servilité de ses votes.

DE L'ESPÉE, Lunéville (cent. Pritch.).

M. de l'Espée, administrateur du chemin de fer de Rouen, associé de M. Ganneron et de bien d'autres, aime trop peu la vérité pour que nous la lui disions. Ajoutons que ce serait une tâche pénible pour nous et pour nos lecteurs. M. de l'Espée a fait condamner le *National* qui lui disait une partie de son histoire, nous la savons tout entière et nous la lui dirons un jour. Qu'a fait la ville de Lunéville pour avoir un tel député?

DE VATRY, Chateau-Salins (c. Pritch.)

Ce zéro a remplacé le courageux M. de

Ludre. Il est vrai que la Chambre de 1846 ne mérite pas mieux.

CROISSANT, Toul (Pritchardiste).

M. Croissant est un amateur de chemin de fer. Il aime les bonnes actions, et vote pour les mauvaises de M. Guizot.

COLLIGNON, F. P., Sarrebourg (c. ag.)

Représente un embranchement de chemin de fer. C'est le dernier et peut-être le moins déplorable des élus de la Meurthe, ce malheureux département qui vote pour des Moreaux, des l'Espée, des Lacoste, etc. On appelle cela des députés du peuple. Le peuple ne descend pas jusque là.

MEUSE — 4 députés.

GILLON. F. P. Bar-le-Duc (c.-P.)

Une place de procureur-général auprès la cour d'Amiens, le lia pour toujours à la fortune de M. Guizot et à celle des Anglais.

ETIENNE. F. P. Commercy (c. g.)

M. Etienne, fils du spirituel académicien, a trop d'esprit et de cœur pour se prostituer au ministère anti-national.

Colonel JAMIN. Montmédy (c.)

Frère du général Jamin, il n'est pas moins complaisant pour le ministère. Sous le règne de la paix à tous prix, les traîneurs de sabre complaisans et serviles n'ont des chances d'avancement qu'au Palais-Bourbon. M. Jamin le sait.

GENIN. Verdun (Pritchardiste).

M. Génin est né en 1785. Il fut un des 221 de 1830 ; aujourd'hui il vote en muet pour l'étranger et M. Guizot.

MORBIHAN — 6 députés.

PLOUGOULM. F. P. Vannes (c. anglais).

En 1841, on disait, dans une chanson faite à propos de ce grand homme échappé de Toulouse :

Encore meurtri de sa défaite,
Tremblant de colère et de peur,
Plougoulm s'agite, s'inquiète,
Plougoulm se fait solliciteur.
Si pendant l'émeute il se cache,
S'il fuit, c'est au nom de la loi ;
Puisque Plougoulm est humble et lâche,
Il peut fort bien servir le ...

C'est un pareil homme qui a été élu...
Pauvre France !

BERNARD, F. P. Muzillac (Pritchardiste).

M. Bernard (de Rennes) était, qui s'en douterait aujourd'hui, une illustration patriotique de la restauration ; nous sommes moins ardent que M. Bernard, l'ex-adversaire de tous les privilèges et de tous les monopoles. Pour faire de ce brutus un souple courtisan, il n'afall n qu'un siége de conseiller à la cour de cassation.

LACOUDRAIS, F. P. Lorient (P.)

M. Lacoudrais se dit, à Lorient, très influent à la Chambre ; à la Chambre, il se dit très influent à Lorient. En 1844, M. Jubelin supprima la place de M. Lacoudrais à la marine. M. Lacoudrais se mit fort en colère, et déclara qu'il allait renverser le ministère, puis ce beau courroux se calma quand M. Lacoudrais fut appelé à faire partie du conseil d'amirauté.

GENTY DE BUSSY, F. P. Lorient (P.)

Gendre de M. Royer-Collard, chef de division au ministère de la guerre, lacédémonie de la phalange de M. Guizot.

POUILLON-BOBLAYE, F. P. (P.)

Ce militaire siége depuis 1842 ; il était alors chef d'escadron d'état-major. Le vote Pritchard lui a servi de campagne ; li est aujourd'hui lieutenant-colonel. Autrefois le sang payait les grades et les croix, aujourd'hui c'est la honte.

DE LA ROCHEJACQUELIN-PLOERMEL
(opp. de dr.)

L'honneur est héréditaire dans cette famille, qui a donné à la France un héros mort à 21 ans. M. de La Rochejacquelin ne siége que depuis 1842. Il remplaça M. de Sivry, et doit sa première élection à M. Lorois, préfet du Morbihan, et ennemi personnel de M. de Sivry. Lors du vote de la flétrissure, M. de La Rochejacquelin, s'élevant au-dessus de toutes les clameurs, flétrit lui-même de sa parole magnifique et indignée l'austère renégat de Gand ; il combattit contre M Duchâtel et contre l'infâme système cellulaire. Dans toutes les questions de principes ou de patriotisme, M. de La Roche-

VII,

jacquelin se lève ; les discussions personnelles sont les seules qui ne l'émeuvent pas. Homme de courage et de cœur, il met au-dessus de tout, Dieu, la patrie, la liberté. Ce député présente à tous un bel exemple à suivre. Par haine personnelle, le ministre hyppopotame a refusé d'autoriser une loterie qui devait donner dix millions aux départements inondés. C'est une honte pour M. Duchâtel.

MOSELLE — 6 députés.

PAIXHANS. F. P. Metz, 1er coll. (P.)

M. Paixhans est né en 1783. On lui reproche une désertion peu courageuse dans les derniers jours de l'empire. Royaliste exalté avant 1830, il n'était alors que lieutenant-colonel d'artillerie. Il doit à la servilité de ses votes et de ses principes, les épaulettes de lieutenant-général d'artillerie.

ARDANT, F. P. Metz, 2e coll. (P.)

Siège depuis 1841 ; il était alors chef de bataillon du génie, le vote Pritchard lui a servi de campagne il est aujourd'hui

lieutenant-colonel, encore un vote honteux, il sera général.

PIDANCET. F. P. Metz, 3e coll. (centre).

Consiller à la cour royale de Metz, il
aspire à monter plus haut, aussi vote-t-il
en conséquence.

D'HUNOLSTEIN (vicomte), Thionville,
(pritchardiste).

M. le vicomte est propriétaire et ventru. Il vote pour tous les ministres par
égoïsme et manque d'intelligence.

LADOUCETTE (baron), Briez, (c. g.)

M. Ladoucette est un ancien préfet de
l'Empire, très riche et très honnête homme. Il vote avec la gauche par honnêteté.
Il est aimé de M. de Broglie.

SCHNEIDER. F. P. Sarreguemines, (P.)

Si l'on insultait M. Scheider, il parles
rait bien vite d'aller sur le terrain. Mais
il faut convenir que si MM. les militaires
sont chatouilleux sur le point d'honneur,
ils le sont peu sur l'honneur de la France
et ils votent sa honte sans en rougir et
comme si cela ne les regardait pas. Heureusement que le pays a de plus dignes
enfants.

NIÈVRE — 4 députés.

MANUEL. Nevers, (gauche).

M. Manuel nous rappelle un nom cher à la France. Il a promit en 1838 de n'accepter ni places ni faveurs, il est resté fidèle à son serment. Il vote constamment pour les réformes.

BENOIST. Château-Chinon, (opp. L.)

M. Guizot lui fit des avances et espéra un moment le rallier à son triste drapeau; ayant été déçu, il l'a fait injurier par ses gens de *l'Epoque* et des *Débats*; tout cela est bien vil pour les scribes ministériels.... Aussi ces scribes s'appellent ils Laurent, l'honnête Solar, etc.

DELANGLE. Cosne, (centre).

M. Delangle est un déserteur de l'opposition. Il remplace le Pridchardiste Lafond enterré au Luxembourg. 0 pour 0.

DUPIN (ainé), F. P. Chamecy, (centre).

M. Dupin est né en 1793, en 1830 il fut nommé procureur général auprès de la cour de cassation, il a été sept fois président de la chambre des députés, on l'appelle au château, le paysan du Danu-

be, M. Dupin aime peu M. Guizot auquel
il a reproché son *voyage à Gand en
temps prohibé.* Il a rendu par son discours le traité du droit de visite impossible. M. Dupin a voté contre Pridchard et
a soutenu le pourvoi de M. Marrast. —
« Messieurs, s'est-il écrié, en 1830 j'ai
» fait proclamer l'inamovibilité de la ma-
» gistrature, mais cette inavobilité n'existe
» qu'à une condition, c'est que l'opinion
» publique pourra renverser de son siège
» le juge prévaricateur. » Cette dernière
action fait le plus grand honneur à
M. Dupin.

NORD — 12 députés.

DELESPAUL. F. P. Lille, 1er coll (g.)
M. Delespaul, fonctionnaire public, a
voté pour la proposition Rémusat, contre les propositions ministérielles. il est
né en 1800.

LESTIBOUDOIS. Lille. 2e coll. (gauche).
Le 8 juillet M. Lestiboudois blessé à
Fampoux a sauvé plusieurs victimes. Son
dévoûment lui a valu une touchante ré-
ception à Lille. Cet honorable député

proteste contre l'assertion de la compagnie Rotschild qui compte 14 victimes quand la vérité est que le nombre dépasse 50.

ALBAN DE VILLENEUVE. Lille, 5e coll. (opp. de droite.)

M. Alban de Villeneuve a vu sa candidature combattue par un M. Mimerel. M. Alban serait un parfait député, s'il se mêlait moins de *chemins de fer.*

BAUMART. Douai, (centre).

M. Baumart remplace M. Choque, une nullité remplace un député; la corruption n'en fait et n'en veut point d'autres.

MARTIN (du nord), *ministre de la justice.* Douai.

M. Martin est l'exemple du triomphe de la nullité. Il a chanté en mauvais vers la Restauration, en 1830, il a signé une protestation en faveur de Henri V, puis il s'est rallié. Depuis lors il a inventé les ANNONCES JUDICIAIRES qui ont porté un coup mortel aux journaux de l'opposition, on lui doit aussi la violation de la loi sur le conseil d'État. Espérons qu'il restera longtemps au ministère.

ROGER, Dunkerque, (centre gauche).
Ami intime de M. Thiers. Il a souvent parlé pour défendre le département du Nord. et le port de Dunkuerque. C'est un conservateur de domaines.

DE HAU DE STAPLANDE. Bergues,
(opp. légitimiste).

Ancien garde du corps, il vote avec les légitimistes contre le ministère.

D'AUBERSAERT. F. P. Cambrai, (p.)

Ce député eut un jour une conversation très vive... avec M. Casimir Perrier, il parait aujourd'hui que les suites lui permettent de s'asseoir.
M. d'Haubersaert est le cauchemar des ministres pour lesquels il vote en fanatique. M. Guizot a été un jour bien près de lui *parler* comme C. Perrier.

SAINT-AIGNAN, Cambrai, 2° coll. (c.)

Ancien préfet sorti du bric à brac ministériel, il remplace grace aux honnêtes manœuvres du pouvoir, l'honorable M. Corne.

MAINGOVAL. Valenciennes, (pritchard).

N'a et n'aura jamais aucun genre de célébrité.

BÉHIC, Avesnes, (centre. wagon).

Ce *Wagon* l'a emporté sur M. Marchand, mais l'intérêt matériel n'a qu'un temps ; M. Béhic le verra bientôt, voilà le *Hic.*

PLICHON. Hazebrouk, (cent. wagon).

Parlez de Plichon, Pinchon, Pluchon, Cruchon. Oh ! muse, parlez-moi de ce fortuné Plichon, non, cela rimerait trop avec cornichon, et la rime auratt raison.

OISE — 5 députés.

DE MORNAY. Beauvais, (cent. gauche).

Bien que gendre de M. Soult, il vote avec l'opposition centre les mesures anti-nationales de son beau-père.

DONATIEN MARQUIS. Beauvais (c. g.)
Un des plus fermes députés de l'opposition, élu en depuis 1842.

LEMAIRE. Senlis, (pritchard).

Né en 1783, maître de poste, élu en 1832, vote pour tous les ministres.

LEGRAND F. P. Clermont, (pritchard).

Il a passé d'un camp dans un autre avec agilité. C'est un riche cumulard qu' sait faire payer cher ses complaisances ministérielles.

H. DE L'AIGLE. Compiègne, (centre).

En voyant ce député patauger dans la cour citoyenne, on le prendrait plutôt pour un oison que pour un aigle. Il a remplacé cette année M. Barillon de l'op-position. Du reste, cet aigle là ne peut pas plus fixer le soleil que l'attention.

ORNE — 7 députés.

MERCIER (baron), Alençon (c.-g.).

Ambition déçue — membre de la Cham-bre de 1815 — libéral en 1825 — minis-tériel en 1830 — centre-gauche depuis 1837.

CORCELLES (de), Séez (c.-g.).

Libéral blond et prétentieux, il siège depuis 1839. Il est fort utile dans les bu-reaux et il vote constamment avec M. Barrot.

HIS, Argenten (centre).

M. His double M. Dupin, comme M. de Corcelle double M. Barrot.

GIGON DE LA BERTRIE, Gacé (op.).

Maire de Vimoutier, il vote pour les principes et non pour les hommes.

DE TORCY, Domfront (centre).

M. de Torcy remplace l'honorable M. Ayliés, il est bien sur de le faire regretter.

DE TRACY, L'Aigle c.-g.).

Fils du savant Destuts de Tracy, il marche dignement sur les traces de son père, c'est un des meilleurs députés de l'opposition.

BALLOT, Mortagne (gauche).

M. Ballot vote consciencieusement, c'est dire assez que M. Guizot n'est pas son ami, M. Ballot né en 1778, a été élu en 1830.

PAS-DE-CALAIS — 8 députés.

ESNAULT, Arras, 1er col. (pritchardiste).

Pourquoi parlerai-je de M. Esnault, sur le quel il n'y a rien à dire?

D'HERLINCOURT, Arras, 2e col. (centre).

M. D'Herlincourt a remplacé M. Harlé le pritchardiste. L'un vaut l'autre.

DELBECQUE, Béthune (pritchardiste).

Conservateur parcequ'il est maître des requêtes et directeur du personnel au ministère de l'instruction publique, place bonne à prendre et bonne à garder.

F. DÉLESSERT, Boulogne (pritch.).

Frère de M. le Préfet de police, il fait de la philantropie dans ses moments perdus et de la banque tous les jours. Le 6e arrondissement de Paris n'en ayant plus voulu, Boulogne-sur-Mer nous l'a renvoyé. Il va sans dire que le frère de M. Gabriel, *je les serre*, vote complaisamment tous les projets ministériels.

D'ELCHINGEN, Montreuil (centre).

Un beau nom qui vient salir son prestige au milieu du centre. Montreuil, qui nous envoie de si belles pêches, à péché gravement en nous envoyant ce député.

QUENSON, Saint-Omer (centre).

M. Armand était un officier de la garde impériale qui rougissait sans cesse des actes de nos ministères. M. Quenson trouve que tout est pour le mieux dans le meilleur des mondes possibles.

LEFEBVRE-HERMANT, St.-O., 2ᵉ (c.).

Nous avons perdu un Jacques Lefebvre et gagné un Hermant Lefebvre. Ni perdu ni gagné.

PIÈRON, Saint-Pol (centre-gauche).

Né en 1769, et conseiller à la Cour-Royale de Douai, il sacrifie son avancement à son devoir. C'est M. Pièron qui dresse la liste des votes après chaque scrutin.

PUY-DE-DOME — 7 députés.

DE MORNY, Clermont (pritchardiste).

M. de Morny semble avoir pris au sérieux le mot de Napoléon : *va te faire sucre*. Ce député auvergnat a répandu beaucoup de chandelles sur la question des sucres. Un député si doux devait être bon anglais : cela n'a pas manqué.

MARTHA-BECKER, Clermont (c.).

Che foudrais pien chavoir fouchtré dousque vient cet auvergnat?... C'est l'ami de l'apostat Dessaigne et son successeur. Merci en voilà assez.

PAGÈS, F. P., Riom, 1er (Pritchar.).

Après un an de ministérialisme M. Pagès fut nommé président de cour royale. Cette faveur étonna le pays. Depuis lors M. Pagès donne à la Chambre le mot d'ordre aux autres pritchardiste. Il est caporal du centre.

COMBAREL DE LEYVAL, Riom 2e (c-g).

M. Combarel a voté pour l'opposition ; les *Débats* le revendiquent. Il a repoussé l'indignité Pritchard — et accepté la croix d'honneur des mains de sir Guizot. Jugez !

MOULIN, Issoire (centre).

Il tourne ses ailes, vers les ministères, et vote pour eux espérant qu'il feront quelque chose pour leur cher Moulin... Riom connaît l'éloquence du grand homme. Paris semble ignorer le trésor qu'il possède dans son sein.

BERGER, Thiers (centre-gauche).

Élu par le 2e arrondissement de Paris (voyez la Seine). Ce collège n'a pas été encore convoqué.

VIMAL, Ambert (centre-wagon).

Ingénieur de chemins de fer. Qui se présente pour suivre autre chose que la ligne droite ; il remplace le pritchardiste Molin.

LAVIELLE, F. P., Pau (pritchardiste).

Instrument usé, détraqué, qui peut à peine servir aux montagnards ou à quelque Fanchon Lavielleuse. Lavielle est un instrument du concert européen, et de la paix à tout prix.

CHEGARAY, F. P., Bayonne (prit.).

En 1837 les Bayonnais l'ont préféré à Jacques Lafitte. Il est avocat général à la cour de cassation, on le dit très faible en législature, mais bah ! il vote bien.

DAGUENET, F. P., St-Palais (prit.).

En 1830 Dupont de l'Eure le conserva par grace comme procureur du roi. Depuis il vient d'être, au grand scandale de la magistrature, nommé premier président de la cour royale d'Orléans. Et la justice veut être respectée ?

H. LACAZE, Oléron (pritchardiste).

Plus médiocre encore que M. Pédre Lacaze, son frère.

LIADIÈRES, F. P., Orthez (prit.).

Encore un militaire pritchardiste. Mais cette fois le plus ridicule de tous, M. Liadière déserteur de l'opposition est chef de bataillon du génie (pas du sien) officier d'ordonnance du roi. Conseiller et poète burlesco-tragique. Il serait Triboulet ou Bobèche s'il n'était Liadières.

PYRÉNÉES (Hautes) — 3 députés.

DINSTRANS, Tarbes (centre).

Il remplace le légitimiste M. de Preigne.

ACHILLE-FOULD, Tarbes, 2° (p.).

Jeune prince du sang Fould qui fume des panatellas et fait un superbe député-cheval — nous disons cheval pour être poli.

DE GOULARD, Bagnères (centre).

Goulafre de ministérialisme. Il se distingue par son éloquence, qui consiste à crier : Vive le Roi, à l'ordre, la clôture. Prenez un Dinstrans, un Fould et un Goulard mêlez tout ensemble et vous avez au complet la députation des Hautes-Pyrénées.

ARAGO, F. P., Perpignan (opposi.).

M. Arago est né en 1786. Il est secrétaire perpétuel de l'académie des sciences; membre du bureau des longitudes, auteur de plusieurs découvertes importantes, et le plus illustre savant de l'Europe. M. Arago a été souvent attaqué par les bravi du ministère et par certains savants italiens ou florentins. M. Arago a été reçu à Perpignan avec l'enthousiasme que mérite un grand homme, ami du peuple et de ses libertés, le général Castellane a regardé cet accueil comme un outrage qui lui était fait, et pour répondre au cri de vive Arago il avait fait charger les armes. Le pays aura dans la personne de l'illustre astronome un brillant défenseur qui, s'il ne peut empêcher l'œuvre de la majorité sans qualité, la dénoncera du moins au pays et la flétrira aux yeux du monde.

GARCIAS, F. P., Ceret (centre).

M. Garcias est banquier et comme les écus n'ont pas d'opinions, il fait comme eux.

PARÈS, F. P., Prades (pritchardiste).
La dignité de sa toge de procureur général à la cour royale de Colmar, ne l'a
pas empéché d'être pritchardiste et de
repousser toutes les réformes.

RHIN (Bas) — 6 députés.

HUMANN, Strasbourg (centre).
Remplace l'amiral Hell connu par ses
chemins de fer. M. Humann est une borne
de plus pour le ministère, nous nous bor-
nons à le déclarer.

RENOUARD DE BUSSIÈRES, Strasb. (c.)
Conservateur indépendant a voté pour
la proposition Rémusat.

LEMASSON, Haguenau (centre).
Nous ne savons pas encore ce qu'il
nous gachera, mais il ne peut être pire
que M. de Schoeenbourg.

SAGLIO, F. P., Saverne (pritchard.).
M. Saglio n'avait pas encore l'âge d'être
député quand son père mourut, heureusement il trouva un colonel qui fut assez
aimable pour lui garder sa place un an

VIII

et puis la lui rendre. Grace à cet arrangement nous possédons M. Saglio.

H. CLAPARÈDE, F. P., Schbstadt (c.).

Pour ne pas être pritchardiste., il s'absenta, mais on lui doit peu de remerciments pour cette escobarderie.

CERFBEER, F. P., Wissembourg (c.).

Colonel d'état-major, il n'a pas osé voter pour Pritchard, mais il s'en est vengé en votant pour tout le reste. Nous n'avons besoin de dire que M. Cerfbeer est un des serviteurs de sir Guizot.

RHIN (Haut) — 5 députés.

STRUCH, Colmar, 1er collège (gauche).

Remplace M. Marande déserteur de l'opposition. M. Struch est un homme de cœur, dévoué aux principes de 89 et de 1830.

GOLBERY, F. P., Colmar, 2e col. (p.).

Depuis 1841 M. Golbery a trahi son parti pour entrer dans celui des valets anglais. Les circonstances de la conversion de de M. de Golbery sont de celles dont on connait le tarif. La moitié des électeurs de Colmar a refusé de paraître dans un collège, où son nom était prononcé.

DOLFUS, Mulhouse (gauche).

M. Emile Dolfus remplace M. Kœchlin connu par son ministérialisme. M. Dolfus porte un nom honoré dans toute l'Alsace, tout le monde se plaît à faire son éloge et à rendre justice à son patriotisme. M. Dolfus est une précieuse acquisition.

A. KOECHLIN, Alkirck.

Si le nom de M. Koechlin ne se trouvait pas sur les indiennes d'Alsace, ce député muet ne nous l'apprendrait guère. Ayant perdu ses chances d'élections à Mulhouse, il s'est présenté à Alkirch ou il a eu le malheur de réussir, après avoir dépensé en orgies électorales la somme de 42,600 francs, cela ne s'appelle pas de la corruption.

BELLONET, F. P., Belfort (pritch,).

Très amateur des actions du Nord, ce député pour assurer sa réélection a fait savoir la victoire du tracé de l'Ognon sur celui du Doubs par dépêche télégraphique et par 21 coups de canon.

RHONE — 5 députés.

SAUZET, Lyon, 1er col. (Pritchardiste).

C'est en vain que Sauzet au pouvoir se rattache,
Il ne sera jamais un député sans tache.

Dans le MARCHAND D'HABITS, on lisait le couplet suivant :

Monsieur Sauzet me donne sa pratique,
Mais ses habits ont perdu leur couleur ;
Ils sont tachés comme sa politique,
Ceux de Guizot sont comme son honneur.
De son menteau content de se défaire,
Soult le vendit, j'achetais sans profits,
Depuis vingt ans ce manteau militaire
Recouvrait seul les taches des habits.

On se souvient du jour ou pour faire triompher une infamie M. Sauzet prit la fuite, une autre fois il leva brusquement la séance. Depuis 1842 il n'a pas cessé de donner des preuves de sa partialité, du reste l'homme qui a trahi son parti peut trahir ses devoirs. M. Sauzet n'est qu'un carliste-Orléanisé.

MARTIN, Lyon, 2e col. (pritchardiste).

Il y en a plus d'un au moulin qui ne le vaut pas.

DESPREZ, Lyon, 3ᵉ col. (centre).

Suit les traces de l'ébouriffant Fulchiron, de grotesque mémoire.

DEVIENNE, F. P., Lyon, 4ᵉ col. (c.).

Que M. Devienne, devienne ce qu'il voudra, suffit qu'il ne devienne pas démocrate, ce serait une méchante acquisition.

TERME, F. P., Villefranche (pritch.).

Ce n'est pas terme qu'il faudrait dire, mais borne.

SAONE (Haute) — 4 députés.

GUÉRIN. Vesoul, (c. g.)

Ami de M. Genoux, M. Guérin ne le fera, dit-on, pas regretter, et c'est un grand éloge pour ce jeune et savant avocat.

DE MARMIER. Jussey, (centre).

Ce monsieur remplace son père. Il parait que les électeurs de Jussey faisaient partie de la succession.

DEGRAMONT. Lure, (gauche). —

A succédé à son père, mais en héritant

aussi de son dévoûment et de son patriotisme.

DUFOURNEL. Gray, (gauche).
Député consciencieux. Il vote pour la France et ses libertés.

SAONE-ET-LOIRE — 7 députés.

LAMARTINE Mâcon, (liberté).
M. de Lamartine orateur et poète, s'élève au dessus des partis qu'il domine de toute sa hauteur. N'aurait-il fait que son discours sur la Syrie et son écrit DES PRINCIPES ET POINT DE PARTIS, cela suffirait à la gloire d'un homme. M. de Lamartine s'est aujourd'hui placé avant M. Berryer lui-même. Il est du parti de Dieu, de la patrie et de la liberté.

MATHIEU. Cluny, (gauche).
Honorable mandataire du peuple. Il soutient d'une main ferme ses principes et son drapeau.

MATHEY. Chalons (gauche).
M. de Varennes qu'il remplace aura le temps de remplir les missions diplomatiques pour lesquels on le paye. M. de Varennes n'était pas payé comme député

mals comme ministre plénipotentiaire,
qu'il soit ministre plénipotentiaire cela
vaut mieux que de voter pour Pritchard
et Guizot.

DE THIARD. Chalons-sur-Saône (gauche).
Remplace M. Brunet-Denon trop docile
au commandement ministériel.

SCHNEIDER. Autun (centre).
Remplace son père une borne en aurait fait autant.

DE LA GUICHE Charolles. (centre).
Charolles nous envoie un député mou,
pour ne pas faire tort à ses fromages

CHAPUIS DE MONTLAVILLE. Louhans,
(gauche).

M. de Montlaville est franchement dévoué aux classes laborieuses qu'il défend
avec énergie et courage. Il a fait quelques
publications d'un style trop aprêté, si
l'on lit surtout son ETUDE SUR TIMON et
et sa pâle biographe de LAMARTINE.

SARTHE — 7 députés.

D'EICHTHAL. Le Mans, (gauche).
Ce député remplace M. Basse, il aurait

pu prendre une place moins basse que celle de centrier.

LEDRU-ROLLIN. Le Mans. (gauche).

M. Ledru-Rollin remplace à la chambre le trop regrettable Garnier-Pagès ainé. Le premier discours de M. Ledru-Rollin aux électeurs du Mans causa en France une grande agitation. Ce discours qui s'écartait courageusement des formules parlementaires était vrai, noble et éloquent; il n'en fallait pas davantage pour être déféré aux tribunaux, le procès eut un grand retentissement et assigna une brillante place à l'avocat démocrate. Depuis lors le parti radical a placé ses espérances en lui, et elles n'ont pas été trompées. M. Ledru-Rollin ne s'est mésalié ni avec la gauche, ni avec le centre gauche. Il est resté le représentant d'un drapeau et d'un principe immortel. Ses opinions sont celles du journal La Réforme, ce journal vraiment démocratique, rédigé avec tant de vigueur, de force, de logique inflexible et de talent. Enfin M. Ledru-Rollin fait partie de cette opposition radicale si peu nombreuse à la chambre

mais qui peut dire : « NOUS SOMMES PEU
ICI, MAIS NOUS AVONS DERRIÈRE NOUS
LA FRANCE ENTIÈRE. »

PAILLARD-DUCLÉRÉ, au Mans (cent.)

Il s'est honoré par le refus de l'indemnité pritchard, il est des choses qu'un honnête homme quelque faible qu'il soit a toujours la force de refuser.

LAMORICIÈRE. Saint Calais, (c. gau.)

M. de Lamoricière n'a pas su devant les électeurs rester à la hauteur de sa renommée militaire. Il sera ministériel quand M. Bugeaud ne sera plus gouverneur de l'Algérie... et encore s'il le remplace.

JULES DE LASTEYRIE. La Flèche, (g.)

Jeune encore il a su se créer une belle place à la chambre, il ne parle sur une question qu'après l'avoir profondément étudiée, et sa parole aurait un grand poids, si le centre ne votait pas sous l'œil des ministres.

GUSTAVE DE BEAUMONT. Mamers,
(gauche).

Sa vie est un combat. Il harcèle le ministère avec une logique impitoyable. Il le force à se déclarer vaincu et en appeler aux votes de ses fidèles, les mauvaises lois, les désavœux et les indemnités Pritchard passent dans le parlement, mais le pays les repousse et se souviendra un jour de ceux qui ont trahi par peur, par ambition et par courtisannerie, les intérêts de notre gloire nationale et de nos libertés. Pourquoi faut-il que M. de Beaumont soit si philantrophe ?

HORTENSIUS SAINT-ALBIN. F. P. Beaumont, (gauche).

L'ex-Globe devenu Epoque a plusieurs fois injurié M. de St-Albin, et cela seul fait son éloge. Magistrat éclairé du tribunal de la Seine, M. de St-Albin fait sans cesse de nouvelles études sur les réformes à opérer dans les lois. C'est à lui qu'on doit la conservation du monument de Malesherbes que des insurgés voulaient détruire en 1830. Une biographie a dit que : « Par la fermeté de ses prin- » cipes et la douceur de son caractère, » il avait su conquérir l'estime et les » sympathies de tous ses collègues. »

SEINE — 14 députés.

CASIMIR PERRIER. Paris , 1er arr. (c.)

M. C. Perrier a les opinions de son père sans avoir son talent et son mérite. Du reste il remplace le fameux Jacqueminot, qui n'eut, en fait de lauriers, que ceux du jambon de Bayonne et qui un jour résumant l'opinion de son parti s'écria naïvement J'AI PEUR! Avec ce mot, le centre voterait une garnison anglaise à Paris.

BERGER 2e arrondis. ('centre gauche).

M. Berger, né en 1799 a pris une part glorieuse aux journées de Juillet. Il est décoré, et ancien maire du 2e arrondissement, aux élections municipales, il a été désigné un des premiers sur la liste, mais le ministère lui a préféré un candidat qui était placé beaucoup plus bas. Depuis 1837 M. Berger est entré à la chambre où il vote avec modération et fermeté. L'ÉPOQUE l'injurie et c'est grâce à cela qu'il est aujourd'hui représentant de deux collèges. Les sottises d'un POURCEUGNAC font toujours du bien. Et il est plus honorable de mériter l'inimitié d'un GENTIL-HOMME DE L'EX-GLOBE que d'obtenir ses louanges.

TAILLANDIER. 3ᵉ arrondis. (gauche).

Né en 1790, Il a été nommé conseiller à la cour royale en 1830 par M. Dupont de l'Eure. Député en 1831, il a défendu pied à pieds nos libertés et notre honneur national. Il s'est cependant rencontré des électeurs qui, en 1842, lui ont préféré M. d'Haubersaert!..

GANNERON. 4ᵉ arrond. (centre gauche).

Une chandelle sur un cofre-fort, telles devraient être ses armes.

M. Ganneron est le type du bourgeois gentilhomme. L'élection a presque fait de lui quelque chose. Il est député, colonel de la 2ᵉ légion, membre du conseil général, membre du conseil de commerce, membre du conseil des hospices, officier de l'ordre Belge de Léopold, commandeur de la légion d'honneur!.. Qui lui a valu tout cela? Un jugement qu'il refusait de rendre en 1830 et où il fut héros, par substitution de personne, il n'est pas rare du reste de voir un banquier paré d'une belle action D'EMPRUNT. Le jour où M. Ganneron exprimait ses regrets à M. Berger, il assurait son loyal concours à M. Mongalvy son successeur. M. Ganneron est comme banquier l'ami de M. de l'Espée, comme aspirant à une sinécure, l'ennemi intime de M. d'Argout. Il votera les dotationsdemain si M. Thiers est ministre. En attendant il se vote des lignes de cheminsde fer et se mêle aux mouvements de bourse de notre malheureuse époque. C'est enfin un bourgeois repu et mécontent.

MARIE, 5ᵉ arrondissement (gauche).

Ami de Dupont de l'Eure, M. Marie fait au pouvoir une guerre à outrance. L'ÉPOQUE et le CORSAIRE-SATAN l'on honoré des plus stupides injures. C'est à la tribune que nous l'attendons aujourd'hui. C'est là que son talent pourra s'élever et grandir encore.

H. CARNOT 6ᵉ arrondissement (gauche).

Fils du célèbre conventionnel, ministre de la guerre, qui fit surgir 14 armées et se voua au salut de la République et de l'Empire. Il marche dignement sur les traces de son père, joignant deux renommées diverses, celle de l'écrivain et celle de l'orateur.

MOREAU 7e arrondissement (centre).

Né en 1791, notaire à Paris et maire de son arrondissement, il sera contre les ministres tant qu'ils seront contre la France et ses libertés. M. Moreau jouit d'une telle réputation qu'il n'a pas même de concurrent.

BEUDIN. 8e arrondissement, (centre).

M. Beudin a été nommé.... par des bordereaux et d'autres manœuvres peu loyales. C'est l'arrondissement qui possède la colonne de Juillet comme drapeau, le peuple du Faubourg St Antoine, comme levier, qui a nommé une pareille nullité en remplacement de M Bethmont, c'est à ne pas y croire, si l'on ne savait qu'elle est aujourd'hui la puissance des écus. Car M. Beudin n'a de fort que son coffre et de faible que son esprit.

LOCQUET. 9e arrondis. (Pritchardiste).

Il y a bien longtemps que ce Locquet devrait être mis à la porte. Et il y serait déjà, sans la négligence des électeurs. M. Locquet est l'ancien secrétaire de la société Jacqueminot-Fulchiron. Il a été nommé pour qu'on ne puisse dire au juste, si M. Beudin est plus nul que M. Locquet où M. Locquet que M. Beudin.

JOUVENCEL. F. P. 10e arr. (centre g.)

« Je suis sincèrement attaché aux prin- » cipes de la révolution de Juillet; je veux l'honnêteté et la moralité publique. » Avec de pareils principes M. de Jouven- cel ne peut être avec M. Guizot, aussi combat-il la politique de l'austère intri- gant et quoique fonctionnaire public de- mande-t-il les réformes électorales néces- saires à la France.

VAVIN, 11e arrondissement (gauche).

M. Vavin, homme probe et énergi- que, a souvent de généreuses inspirations. Lors des élections de 1846, apprenan qu'un HOMME du pouvoir le diffamait dans une section, il s'y rendit, apostropha le calomniateur, et le réduisit au silence. M. Vavin préside chaque année le ban- quet des réfugiés polonais et n'abandon- ne pas plus leur cause que celle de la France.

BOISSEL, 12ᵉ arrond. (gauche.).

M. Boissel est un homme honorable et indépendant qui vote contre la politique de l'abaissement et de la paix.

GARNON, 13ᵉ arrond. (gauche).

M. Garnon, maire de Sceaux et ancien notaire, est né en 1797. Il a su se faire à Sceaux une position telle, qu'un candidat qui lui serait opposé ne réunirait pas 10 voix. M. Garnon vote avec la gauche depuis qu'il est élu, c'est à dire depuis 1834.

F. DE LASTEYRIE, St-Denis, 14ᵉ (g.).

M. Possoz a lutté contre ce député avec l'offre d'un marché aux porcs, chacun lutte avec ce qu'il a. Le talent de M. de Lasteyrie et sa réputation honorable l'ont emporté sur les porcs de M. Possoz. Espérons que ce candidat malencontreux ne se représentera plus.

SEINE-ET-MARNE — 5 députés.

DROUYN DE LHUYS, Melun (c.-g.).

Rien n'a été épargné pour empêcher la réélection de ce député. M. Drouyn de Luhys est né en 1802, il est ancien se-

crétaire d'ambassade et ancien directeur
des affaires commerciales au ministère
des affaires étrangères. Il se présenta en
1842 aux électeurs de Melun en opposition avec M. de Germiny candidat de M.
Guizot. M. Drouyn fut élu. Il vota silen-
cieusement suivant sa conscience, mais
le lendemain du vote Pritchard, qu'il avait
repoussé, il fut brutalement destitué. M.
Drouyn vota comme autrefois, mais il prit
la parole à la honte et au grand déplaisir
du valet anglais. Il est aujourd'hui un de
nos meilleurs députés.

OSCAR DE LAFAYETTE, Meaux (g.).

Les électeurs de Meaux envoyaient autrefois à la chambre non pas un aigle
mais le beau-bœuf (Lebobe). Sorti des
rangs du peuple M. Lebobe n'aurait eu
besoin qu'un peu de mémoire ou de cœur,
l'un et l'autre lui manquèrent. Tour à tour;
couvreur, entrepreneur, spéculateur et
banquier, il a saisi toutes les occasions
d'insulter les ouvriers, sans doute parcequ'ils étaient hommes et que lui n'est rien,
malgré la position qu'il a su atteindre en

gravissant une échelle que tout autre aurait repoussé du pied. M. de Lafayette n'a donc pas triomphé de grand chose ; il est fâcheux seulement que son nom honorable et respecté se soit mêlé à l'autre dans l'urne du scrutin.

DE SÉGUR, Fontainebleau (pritch.).

Lion de noble souche, papillotant, frivole mais muet, il a cru qu'il était de bon genre de voter pour Pritchard.

D'HAUSSONVILLE, Provins (prit.).

Gendre de M. de Broglie. Il affecte volontiers la nonchalance du grand seigneur et la gravité du pédant, il marche avec précaution comme s'il était fragile. Il a raison pour sa tête : tout ce qui est vide est si facile à casser.

GEORGES DE LAFAYETTE, Coulou-
miers (gauche).

Fils de l'illustre Lafayette. Il vote avec indépendance pour la France.

RÉMILLY, Versailles (conservateur).

M. Rémilly, honnête homme timide, vote quelque fois avec le ministère mais le plus souvent avec l'opposition, il a repoussé le désaveu et Pritchard.

SEINE-ET-OISE — 7 députés.

P. DARU (vicomte), St-Germain-en-Laye (pritchardiste).

Ce précoce vieillard est capitaine de hussard, il est raide, sec et gourmé. Il a l'air d'un très médiocre hussard à la chambre, mais dans son régiment il a l'air d'un bien déplorable député.

DARBLAY, Corbeil (centre).

M. Darblay représente les bœufs de son arrondissement, son esprit est aussi léger que ses chers ruminants. Comme eux il ne parle pas il rumine des discours qui seraient superbes s'ils étaient connus.

DE LABORDE, Etampes (centre).

M. Léon de Laborde était, sous la restauration, un très aimable jeune homme, nous craignons bien qu'il ne soit aujourd'hui qu'un très médiocre député.

HERNOUX, Mantes (pritchardiste).

Quand M. Hernoux veut étouffer la voix de son cœur il regarde ses belles épaulettes et boutonne son uniforme. Mais il a voté le désaveu de Dupetit-Thouars et l'indemnité Prichard, il dut en souffrir mais c'était la consigne. En 1834 il était capitaine de corvette ; il est aujourd'hui contre-amiral, à Tanger il arriva trop tard et tira hors de portée, ce qui fut sévèrement jugé ; à Mogador il fut placé en première ligne et nommé contre-amiral à la suite de cette innocente affaire. Enfin M. Hernoux a déserté en tout et partout la défense de notre honneur et de notre marine, surtout dans son fameux rapport où il repoussait le crédit accordé à notre armée navale. M. Hernoux n'est enfin qu'un familier du château.

LEPELLETIER D'AULNAY, Rambouillet (centre).

Vice-président de la Chambre, il a un esprit juste et éclairé et se montre indépendant, mais quelque fois trop complaisant pour les ministres.

BERVILLE, F. P., Pontoise (cen.-g.).

Avocat-général auprès de la cour royale de Paris connu par ses opinions généreuses et son talent. M. Pagnerre a cru un instant qu'il pourrait avoir des chances dans la patrie des veaux, il devait se porter à Pontoise et à Paris, il y a renoncé, c'est dommage nous aurions eu en M. Pagnerre la reliure en basane de M. de Cormenin.

SEINE-INFÉRIEURE — 41 députés

RONDEAUX, Rouen, 1er collège (c.).

Un intérêt fluvial l'a fait élire. Ce Neptune que l'on disait éloquent avant qu'il se fut fait entendre, est classé à côté de M. Fould.

LEVAVASSEUR, Rouen, 2e col. (g.).

M. Levavasseur vote pour toutes les réformes contre le ministère.

LEFORT-GONSSOLLIN, Rouen, 3e col. (gauche).

Quand M. Barbet, nom d'un chien ! a été se faire... faire... Pair. Les électeurs de Rouen qui nommaient J. Lafitte ont porté leurs voix sur M. Lefort Gonssollin, négociant estimé, appartenant par ses opinions à la gauche modérée.

VICTOR GRANDIN, Rouen, 4e col. (g).

M. Grandin est ennemi de tous les abus et de tout ce qui est anti-rationel et frauduleux, en comptant ou sans compter le ministère. Les chemins de fer et leurs brocanteurs ont en lui un rude adversaire.

DUBOIS, Havre (pritchardiste).

Ce Dubois est un ex-notaire, très subtil, très retors et fort peu patriote. On en a fait un député — il s'est fait pritchardiste.

VITET, Bolbec (pritchardiste).

M. Vitet est un grand homme propre à tout faire... excepté un homme de sens et d'esprit.

BOULLAND, Dieppe, 1er collège (centre).

M. Bouland n'est pas un pritchardiste, mais il brûle de le devenir.

J. DE CHASSELOUP LAUBAT, Dieppe, 2e collège (pritchardiste).

Chapeau bas, (*bis*).
Devant M. le Marquis... de Chasseloup-Laubat.
Ce noble marquis
En peuple conquis
Traite les Dieppois
Soumis à ses lois.
Chapeau bas, (*bis*).
Devant ce Chasseloup-Laubat.

Ajoutons, qu'il est férailleur, bretteur

et tapageur, et que la diplomatie ne lui a pas donné en échange de l'esprit qu'il n'a pas, la politesse dont il manque.

DESJOBERT, Neufchatel (gauche).

Africophobe. Il pousse sa manie un peu trop loin. Il déteste à la fois Abd-el-Kadér et Pritchard.

COUSTURE, Yvetot (pritchardiste).

> Il était un roi d'Yvetot
> Très connu dans l'histoire,
> Se levant tard, se couchant tôt,
> Dormant fort bien sans gloire,
> Et coiffé par sa Jeanneton
> D'un simple bonnet de coton,
> Dit-on,
> Oh! oh! oh! ah! ah! ah!
> Le bon roi que c'était que ça!
> La! la!

Ce on roi n'est autre que M. Cous-re Ier, roi d'Yvetot, sous le protectorat du roi Louis-Philippe.

LE SEIGNEUR, Saint-Valery (pritch.).

Est un des seigneurs de la cour du roi... d'Yvetot.

SÈVRES (Deux) — 4 députés.

MAICHAIN, Niort (gauche).

M. Maichin est un nouveau député qui

mplacera M. David décédé. Il votera avec la gauche.

'DUMARÇAY, Melle (gauche).

Porte un nom trop honorable pour le compromettrre dans la phalange Guizotine.

ALLARD, Parthenay (centre).

Connaissez-vous ce militaire ? — Oui je connais ce militaire. Il est propriétaire des fortifications de Paris, comme M. Thiers est propriétaire de la *Révolution Française*. M. Allard était capitaine du génie avant d'être député, depuis qu'il a quitté l'opposition, il est devenu lieutenant-colonel ! Autrefois on obtenait un grade en marchant à l'ennemi, maintenant on l'obtient en passant à l'ennemi.

TRIBERT, Bressuire (centre-gauche).

M. Tribert vote avec M. Barrot — et M. Thiers.

SOMME — 7 députés.

CRETON, Amiens, 1er collège (opp.).

M. Creton a remplacé le massif Massey admirateur de Pritchard. Il votera pour notre gloire et nos libertés.

GAUTHIER DE RUMILLY, 2e col. (c.-g.).

M. de Rumilly connaît parfaitement les douanes et le commerce. Il a attaché son nom à un projet de réforme et a défendu les propositions libérales.

VAYSON, Abbeville, 1er collège (centre).

Remplace l'honorable M. Estancelin. M. Vayson est un futur pritchardiste.

DUTENS, Abbeville, 2e collège (centre).

Remplace M. Tillette de Clermont. Encore un zéro qui remplace un chiffre, encore si le zéro était bon.

BLIN DE BOURDON, Doullens (opp.-légitimiste).

M. de Laplane croyant l'avoir emporté sur cet excellent député donnait un grand dîner à ses électeurs lorsque la nouvelle de sa défaite lui arriva. M. Blin de Bourdon a été flétri par M. Guizot, le ruisseau a voulu salir la source, malgré les manœuvres les plus cinyques le candidat opposant l'a emporté.

CADEAU D'ACY, Montdidier (pritch.).

Un blazon, du nonchaloir, un nom, mais tout cela ne brille plus, n'éclaire plus, ne brule plus, cela fume comme un lampion du lendemain.

DE BEAUMONT, Péronne (cen.-gau.).

Propriétaire et agriculteur éclairé. Il plaide sans cesse la cause des intérêts nationaux, et des libertés publiques.

TARN — 5 députés.

D'ARAGON, Alty (gauche).

M. D'aragon honnête homme, plein de fermeté, de cœur et représentant des principes, remplace M. Descazes fils, au quel bien de ces choses manquaient. M. Decazes fils était le portrait de son père, c'était un petit être affairé, à la bouche aigre, rieuse, au nez de furet, au regard souple et rusé, au crane dénudé, à la physionomie grimacière et sarcastique. malgré tout cela M. le vicomte Descazes a été remplacé et n'est déjà plus bon que pour la pairie.

[DALMATIE, Castres (pritchardiste).

Il représente la France à l'étranger et la ville de Castres à Paris, or, il n'est pas à l'étranger et va fort peu à la Chambre, malheureusement pour lui, le rejeton de M. Soult y était le jour du vote de Pritchard.

CARAYON-LATOUR, Castres, 2ᵉ (c.).

M. Bernadou avait refusé d'indemniser l'assassin de nos soldats, les habitants de Castres ont regardé cela comme le fait d'un mauvais anglais, et ils l'ont remplacé par un pritchardiste de demain, le gros père Latour.

LACOMBE, Gaillac (pritchardiste).

M. Lacombe est sensible. Il a peur de la guerre, par sensibilité, ce bon M. Pritchard l'a ému, Pomaré lui a arraché des larmes et le désaveu de Dupeti-Thouars, une larme de Guizot lui arracherait la dotation, les électeurs de Gaillac devraient bien lui arracher son mandat. Il est bon d'être gros comme un bœuf mais on ne doit pas être sensible comme un veau.

D'AGUILLON-PUJOL, Lavaur (centre).

Il remplace M. Espigat député honnête et courageux. C'est un furieux ministériel.

TARN-ET-GARONNE — 4 députés.

JANVIER, Montauban (pritchardiste).
Le plus froid, le plus poli, le plus obligeant, le plus simple et le plus aimable des centriers, il est conseiller d'État et confident du gros M. Duchâtel.

LEON DE MALLEVILLE, Caussade (centre-gauche.
Ce lieutenant de M. Thiers réunit beaucoup d'esprit à beaucoup de cœur. Il a souvent fait palir M. Guizot dans la dernière session. M. Ch. Lafitte n'a pas été épargné par lui. Parlant des députés vendus : Il s'écria qu'il en connaissait les tarifs et le mot est resté sur le front des Bonnaire, des Dugabé et autres comme une indélébile flétrissure.

BOURJADE, Castel-Sarrazin (centre).
Le pis-aller des électeurs de Castel-Sarrazin, la doublure de M. de Girardin, dans cette pitoyable pièce que l'on appelle la comédie parlementaire.

DUPRAT, Moissac (pritchardiste).
Grosse intelligence grivoise, grossière,

aux penchants réacteurs, à la personnalité et à l'égoïsme de millionnaire. Si M. Duprat ne se disait pas baron, on ne serait pas tenté de l'ennoblir d'après ses manières.

VAR — 5 députés.

CLAPPIER, Toulon (centre).

M. Clappier est toujours absent le jour d'un vote décisif. Il s'épargne ainsi la peine d'avoir une opinion.

E. PORTALIS, Toulon (centre).

M. Portalis, député à peu près indépendant, succède au simpiternel M. Denis, souvenez-vous en. et à son père Frédéric Portalis.

E. POULLE, Draguignan (pritchardiste).

Médiocrité hargneuse, besoigneuse et ennuyeuse qui se crut un jour le coq de son village et qui n'en est que la poule.

PASCALIS, Brignolles (pritchardiste).

L'alter-ego de M. Poule. Il rachète sa pauvreté d'esprit par la libéralité de ses votes ministériels.

MAURE, Grasse (opposition).

M. Maure aura fort à faire pour faire oublier son prédessesseur, de pritchardiste mémoire, et réhabiliter la ville de Grasse.

VAUCLUSE — 4 députés.

DE GAMBIS, Avignon (pritchardiste).

Ce *gentleman rider* serait mieux placé à . Hypodrôme qu'à la Chambre, avouons qu'il tient avec grace un lorgnon dans son arcade sourcillière.

MEYNARD, Orange (pritchardiste).

Tombé de défections en défections au camp de Guizot, il y reste.

DE GERENTÈ, Carpentras (centre).

Un seul député avait voté contre Pritchard, la poètique Vaucluse l'a bien vite changé pour un Géronte ministériel.

MOTTET, F. P., Apt (pritchardiste).

L'élu d'Apt n'est apt à rien, c'est un conseiller d'état, ancien transfuge sans honte et sans vergogne.

VENDÉE — 5 députés.

ISAMBERT, Luçon (opposition).
Conseiller à la cour de cassation, juris-consulte distingué, écrivain élégant et pro-fond, il a rendu des services immenses à l'opposition. Il n'a cessé de rappeler les ministres à l'observation des lois, il a combattu contre l'esclavage de noirs, l'in-fluence des congrégations, pour les ré-formes utiles et les propositions d'honneur national. M. Isambert est auteur de plu-sieurs ouvrages estimés.

BARON, Fontenay (gauche).
Pour la France et ses libertés.

CHAMBOLLE, Napoléon-Vendée (c.-g.).
Esprit judicieux et conciliant, il man-que de couleur. Il est descendu du *Na-tional* au *Siècle* où il paraît devoir s'ar-rêter. Il défend MM. Thiers et Barrot — assez mal.

GUYET DESFONTAINES, Herbuis (g.).
Député indépendant, ferme, loyal et plein de patriotisme.

LUNEAU, Les Sables (gauche).

M. Luneau est l'ennemi mortel des fripons, il a attaqué les gaspillages des chemins de fer, défendu l'argent des contribuables, et flétri les agioteurs.

VIENNE — 5 députés.

DRAULT, Poitiers (gauche).

M. Drault a accepté le programme de toutes les oppositions. Il défendra toutes ses libertés.

PROA, Chatellerault (centre).

Chatellerault, qui nous envoie tant de petits couteaux, nous envoie M. Proa ! Proa ! Proa ! Ce qui imite un peu le cri du Hibou.

BONNIN, Civray (opposition).

Défend la liberté et la dignité de la France.

NOZEREAU, F. P., Laudun (centre).

Pour la première fois il vient de faire quelque chose de bien... Il a donné sa démission.

JUNYEN, Montmorillon (opposition).

Il suit le drapeau de la Démocratie porté par Ledru-Rollin, c'est un soldat, mais un vaillant soldat.

HAUTE-VIENNE — 5 députés.

TALABOT, Limoges (centre-gauche).

M. Talabot est un homme habile, qui discute parfaitement les questions industrielles. Il vient du centre au centre-gauche, serait-ce dans la prévision de la chûte de M. Guizot? — Peut-être — quand une maison va s'écrouler les rats l'abandonnent.

PEYRAMONT, Limoges (pritchardiste).

Ce procureur-général accusa récemment le ministère de corruption, mais il se hâta de voter pour lui. On dit que son esprit est éclairé et que son intelligence est remarquable, cependant il ne deviendra jamais un homme politique et il restera médiocre — parcequ'il lui manque le principal — le cœur.

MAURAT-BALLANGE, Bellac (gauche.)

Il veut la sincérité de nos lois, la révi-

X

sion des lois de septembre, le rétablisse-
ment de notre influence en Europe. C'est
un de nos plus dignes députés.

SAINT-MARC-GIRARDIN, Saint-Yrieux (centre-gauche).

Le matin catholique et le soir idolâtre.
Il dîne de l'autel et soupe du théâtre.

Opposant à la Chambre et ministériel,
rue des Prêtres, au bureau des *Débats*.

EDMOND BLANC, F. P., Rochechouart (centre).

Fi ! le vilain bouteur, lui a dit récemment, sir Guizot et il est revenu au bercail,
pouvait-il faire autrement ? il est conseiller
d'état et inspecteur de la liste civile.

VOSGES — 5 députés.

DIDELOT, F. P., Epinal (pritchardiste).

M. Didelot est député par la grace de
M. Cuny fils. Le père Cuny avait autrefois
placé plus de 800,000 fr. chez les culti-
vateurs des Vosges à raison de 5 p. 0/0.
Son fils a hérité de cette influence irré-
sistible. Aussi lors des élections, lorsque
les habitants d'Epinal voient passer une

bande de vingt à vingt-cinq campagnards,
conduits au scrutin par un meneur, ils
s'écrient : voilà les oies du père... Cuny
qui passent. M. Didelot est donc l'élu des
oies. M. Didelot a présidé plusieurs fois
la cour d'assise de Paris. Comme magistrat on peut le placer à côté de feu MM.
Bellard et Marchangy, moins le talent et
de MM. Zangiacomy et Plougoulm.

BOULAY-DE-LA-MEURTHE, Mirecourt
(gauche).

Partisan du progrès et de nos libertés.
Il vote pour la France en dehors de toutes
les coteries.

COSTÉ, F. P., Neufchâtel (pritchardiste).

Centrier pur sang. En 1822, il demanda
les têtes des conspirateurs de Béfort en
masse. Depuis il s'est ralié et a tout voté
— il veut devenir premier-président.

SIMÉON (vicomte), Remirencourt (p.).

Serviteurs de race de tous les pouvoirs,
les Siméon endossent toutes les... tous les
habits. M. Siméon a été préfet du Loiret
où il a laissé une réputation des plus im-
populaires; son administration fut telle

que le maire, les adjoints et 500 officiers de la garde-nationale d'Orléans donnèrent leur démission et furent réélus. Le ministère lui donna une autre préfecture, comme il ne put l'administrer on lui confia la direction des tabacs, c'est un autre moyen de faire fumer les contribuables.

DOUBLAT, Saint-Dié (opposition).

M. Doublat, franc et loyal député, nous console des Didelot, des Costé et des Siméon, il vote avec courage et indépendance.

YONNE — 5 députés.

LARABIT, Auxerre (gauche).

Membre de l'opposition, a donné plus d'une fois des preuves d'indépendance et de patriotisme. Il s'est levé en faveur de la Pologne, et a combattu pour les intérêts de la Démocratie.

GARNIER, Avalon (centre-gauche).

Il siège bien près du centre — il est vrai qu'il remplace M. Philippe Dupin.

DE BONTIN, Joigny (centre).

Le successeur de *Paul Louis Courrier*

vaincu par M. de Bontin. Le premier pamphlétaire de France renversé par une borne, cela n'accuse-t-il pas le monopole électoral ? M. de Cormenin, la veille des élections, a accusé les électeurs d'être corrompus, ils n'ont pas voulu lui donner un démenti. Tous les intérêts matériels ont été mis en jeu pour renverser *Timon*. Transplantation d'électeurs — menaces, caserne de gendarmerie retirée, tout a été employé. Il faut dire aussi que M. de Cormenin s'est retiré l'appui de 60 électeurs, environ, par ses déplorables pamphlets de *Oui et non* et *Feu! feu!* les électeurs ont préféré un juste-milieu à un Jésuite, et M. de Bontin a été nommé. Ce Bontin est tellement pâle qu'il ne palira plus.

VUITRY, Sens (pritchardiste).

Le Jupiter tonnant du centre, élu à Sens, devrait bien avoir à défaut d'esprit et de cœur un peu de sens commun. L'opinion de M. de Vuitry est : que tout est pour le mieux dans le meilleur des mondes possibles.

JACQUES PALOTTE, Tonnerre (gau.).

Tonnerre a fait du bruit en rejettant

le pritchardiste Baumes. M. Jacques Palotte n'est pas orateur mais c'est un homme
intelligent qui comprend les besoins du
pays et qui combattra pour la France,
contre les traitants et les anglais du ministère.

FIN.

LISTE

DE

MESSIEURS LES MEMBRES

DE LA

CHAMBRE DES DÉPUTÉS.

A

MM.

Abattuci, rue Caumartin, 41.

Abraham-Dubois, rue de Tournon, 2.

Aigle (le comte de l'), rue Neuve-de-Berry, 12.

Albert (Philippe), rue Neuve-de-Luxembourg, 32.

Allard, rue de Grenelle-St-Germain, 106.

Andigné de la Chasse (le marquis d'), r. de l'Université, 107.

Angeville, le comte d', r. de la Paix, 14.

Arago, rue d'Enfer, à l'Observatoire.

Aragon, le comte d', r. de l'Université, 36.

Ardant, rue Blanche, 10.

Armand, rue de Varennes, 30.

Armez, r. de Seine-St.-Germain, 68.

B.

MM.

Bacot, César, rue Godot, 1.

Ballot, rue Saint-Honoré, 367.

Barada, rue du Faubourg-St-Honoré, 11.

Barrot, Ferdinand, r. Ventadour, 5.

Baron, r. du Faubourg-St.-Honoré, 34.

Barrot, Odilon, rue de la Ferme–des-Mathurins, 24.

Beaumont, Gustave de, rue d'Anjou-Saint-Honoré, 38.

Beaumont, de, r. de Suresnes, 19.

Béchameil, rue Mont-Thabor, 34.

Béhic, Armand, r. Basse-du-Rempart, 6.

Béker, le comte Martna, Place Vendôme, 1.

Bellonnet, le général, r. Barbet-Jouy, 7.

Benoist, rue Pigale, 10.

Bérenger, le marquis de, place du Palais Bourbon, 99,

Berger, rue des Trois-Frères, 7.

Bergevin, rue de Rivoli, 22 ter.

Bernard, de Rennes, r. des Pyramides, 2.

Berryer, r. Neuve-des-Petits-Champs, 64.

Bert. rue d'Alger, 3.

Berthois, le baron de, r. Royale, 4.

MM.

Berville, rue de Vaugirard, 34.

Bethmont, r. Mont-Thabor, 6.

Beudin, place Royale, 20.

Bigot, rue de l'Université, 96.

Billault, rue Saint-Honoré, 345.

Bineau, rue Neuve-des-Mathurins, 10.

Blanqui, rue Basse-St-Pierre-Popincourt, 22.

Blin de Bourdon, le vicomte, rue Saint-Honoré, 353 bis.

Boblaye (de), rue de Tivoli, 21.

Boissel, rue Guy-la-Brosse, 9.

Boissy d'Anglas, rue de Verneuil, 58.

Bignon, boulevart des Capucines, 7.

Bommart, rue des Saints-Pères, 24.

Bonnefons, r. C.-des-Petits-Champs, 31.

Bontin (de), rue d'Assas, 3 bis.

Bouchage, le comte du, rue de Provence, 20.

Boudet, rue de la Chaussée-d'Antin, 49.

Boudousquié, rue de Lille, 34.

Boulay, de la Meurthe, rue de Vaugirard, 58.

Bourjade, rue de l'Université, 61.

Brignon de Lehen, rue de Beaune, 5.

Bonnin, rue de l'Université, 102.

MM.

Bugeaud, le maréchal, rue de la Paix, 6.

Bureaux de Puzy, rue d'Anjou-Saint-Honoré, 38.

Bussières, le baron Alfred de, avenue d'Antin, 7.

Bussières, de, rue Greffulhe, 7.

C.

Cabanis, rue Jacob, 28.

Cabrol, rue Richelieu, hôtel des Princes.

Cadeau-d'Acy, rue Lavoisier, 9.

Calmon, rue Royale, 18.

Calmon fils, rue Royale, 18.

Cambacérès (de), r. St-Dominique, 119.

Cambis, le comte de, r. Basse-du-Rempart, 52.

Carayon Latour, rue Royale-Saint-Honoré, 11.

Carné (de), rue Jacob, 44.

Carnot, rue de Vaugirard, 35.

Castellane, le marquis de, rue de Grenelle-Saint-Germain, 71.

Cerfberr, le colonel, rue Hauteville, 20.

Chabaud-Latour, le baron de, rue Taitbout, 25.

Chambolle, r. du F.-Poissonn., 40 bis.

MM.

Champanhet, rue des Beaux-Arts, 2.

Chapuis de Montlaville, le baron, rue de Verneuil, 46 bis.

Chasles, rue de Londres, 52.

Chasseloup-Laubat (le marquis Just de), rue de la Ville-l'Evêque, 16.

Chasseloup-Laubat, le vicomte Prosper de, rue de la Bienfaisance, 5 bis.

Chassiron, baron de, rue Neuve-des-Mathurins, 53.

Chaudordy, rue St-Honoré, 363.

Chazot, rue Tronchet, 31.

Chégaray, rue Trudon, 2.

Cibiel, rue de Rivoli, 36.

Clapier, rue du Hâvre, 10.

Clappier, Victor, rue du Bac, 119.

Clément, au Palais de la Chambre.

Collignon, rue de Lille, 3 bis.

Combarel de Leyval, de, r. Tronchet 11.

Corcelles, de, r. d'Anjou-St-Honoré, 54.

Colombel, boul. de la Madeleine, 10.

Cordier, rue Saint-Dominique, 73.

Convers, rue de Lille, 40.

Coste, le baron de la, rue Royale-Saint-Honoré, 9.

Costé, r. Grenelle-St-Germain, 117.

MM.

Courtais, le vicomte de, rue de Choiseul 8 bis.

Courtois, Léon de, rue d'Alger. 11.

Cousture, r. des champs-Elysées, 9.

Crémieux, rue des Fossés-Saint-Germain-l'Auxerrois, 29.

Creton, rue de Seine, 55.

Croissant, rue Belle-Chasse, 20,

Cunin-Gridaine, au ministère de l'agriculture et du commerce.

D.

Dalmatie, le marquis de, rue de l'Université, 27.

Daguenet, rue de la Madeleine, 68.

Daguilhon-Pujol, r. St-Honoré, 337.

Dalloz, r. du Bac, 36 bis. hôtel Valmy.

Darblay, rue de Lille, 82.

Darnaud, rue de la Ferme-des-Mathurins, 28.

Daru, le vicomte Paul, rue de Lille, 64.

Debelleyme, r. d'Orléans, 8, au Marais.

Debés.

Debrotonne, rue de l'Université, 53.

Defermon, le comte, r. de Bourgogne 36

Dejean, le comte, rue de l'Université, 17.

MM.

Delacour, rue de Londres, 21.

Delangle, rue St-Florentin, 7.

Delavau, place du Carousel, hôtel de Nantes.

Delessert, François, rue Montmartre, 176.

Delespaul, r. de Faub. St-Honoré, 46.

Delebecque, r. de la Madeleine, 31.

Demarcay, rue de Clichy, 7.

Demesmay, rue de la Ferme, 45.

Desjobert, rue Saint-Guillaume, 18.

Demeufve, rue d'Anjou St-Honoré, 13.

Desglozeaux, rue Neuve-de-Luxembourg, 22.

Deslongrais, rue du Port-Mahon, 9.

Desmortiers, rue du Cherche-Midi, 76.

Desmousseaux de Givré, le baron, rue de la Madeleine, 24 bis.

Dessaignes, place des Petits-P's

Dessauret, rue Rumfort, 13.

Desprez, rue Duphot, 8.

Devienne, rue Basse-du-Rempart, 20.

Dilhan, Place des Italiens, 5.

Dintrans, rue de la Paix, 10.

Doublat, rue Richepanse, 1.

Drouyn-de-Lhuys, r. Godot-Mauroy, 1.

MM.

Dozon, rue du 29 Juillet, 4.

Drouilard, rue de Grammont, 24.

Dubois, rue de Vaugirard, 61.

Duchâtel, le comte, au Ministère de l'intérieur.

Drault, rue Neuve-St-Augustin, 54.

Ducos, Théodore, rue Neuve-du Luxembourg, 32.

Dufaure, rue Lepelletier, 18.

Dubois, du Hâvre, Passage de la Madeleine, 6.

Dudresnay, rue de Beaune, 3.

Dufournel, rue Richelieu, 25.

Dugabé, rue Royale, 23.

Dumon, au Ministère des Travaux Publics.

Dupin, rue du Bac, 110.

Dumas, le colonel comte, rue de Londres, 21.

Dupont, rue de Madame, 8.

Duprat, le baron, rue de la Ferme-des-Mathurins, 48.

Durand de Romorantin, rue Godot-Mauroy, 18.

Durosier, rue de Lille, 54.

Dusolier, rue

MM.

Dutens, rue Joubert, 32.

Dutier, rue Castiglione, 7.

Dutilh, rue de Bourgogne, 30.

Duval de Fraville, le baron, rue du Faubourg-Saint-Honoré, 33.

Duvergier de Hauranne, rue de Tivoli, 5.

E.

Edmond-Blanc, rue des Saussayes, 13.

Eichthal, Adolphe d', rue Basse-du-Rempart, 30.

Elchingen, rue Blanche, 38.

Esnault, rue du Cherche-Midi, 20.

Espée (de l',) au Palais de la Chambre des Députés.

Étienne, r. Ne-des-Petits-Champs, 95.

Etchégoyen, le comte d', place du Hâvre, 13.

Espéronnier, le général, rue de Grenelle-Saint-Germain, 9.

F.

Falloux, le vicomte de, r. du Bac. 91.

Farran, r. St-Germain-des-Prés, 8.

Faucher, Léon, rue de Tivoli, 22.

Feuchères, le lieutenant-général baron

MM.

de, rue de Bourgogne, 21 bis.

Feuilhade-Chauvin, r. de Tournon, 8.

Fould, Achille, rue Bergère, 10.

Fould, Benoist, rue Bergère, 10.

G.

Galos, Henry, r. de l'Université, 113.

Garcias, rue Caumartin, 1.

Garnier, petite r. St.-Pierre-Amelot, 16.

Garnier-Pagès, rue de Rivoli, 22.

Garnon, rue de Lille 50.

Ganneron, r. Grange-Batelière, 6.

Gaujal (de), rue du Bac, 119,

Garraube, le général de, rue Saint-Lazare, 136.

Gasparin, Paul de, r. de Courcelles, 29.

Gaulthier de Rumilly, rue du Houssaie, 3.

Gautier d'Uzerche, r. Las-Cases, 24.

Génin, rue Sainte-Anne, 36.

Genoude, rue du Doyenné, 12.

Gérente (de) rue de Valois, 5, Cour des Fontaines.

Gigon la Bertrie, r. Saint-Honoré, 367.

Gillon, rue du Marché-St.-Honoré, 7.

Girardin, Emile de, Grande-rue de Chaillot, 80.

MM.

Girod de l'Ain, rue de Tournon, 12.

Glais-Bizoin, rue Vanneau, 24.

Golbéry (de), rue du Dauphin, 7.

Gorrec (le) rue Saint-Lazare, 102.

Gouin, Alexandre, rue Laffitte, 19.

Genty de Bussy, r. de Grenelle-St-Germain, 52.

Goury, rue Casimir-Périer, 128.

Grammont, le marquis de, r. de Lille 103

Grandin, rue Laffitte, 23.

Grange, le marquis de la, rue de Grenelle-Saint-Germain, 107.

Granier, rue de la Paix, 20.

Guerrin, rue de Lille, 45.

Goulard (de). rue St-Lazare, 34.

Grille, le marquis de, rue de Lille, 73.

Guizot, au Minist. des affaires étrangères

Guyet Desfontaines, rue d'Anjou-Saint-Honoré, 36.

H.

Haubersard, le vicomte d', rue Neuve-des-Mathurins, 13.

Haussonville, le comte d', rue Saint-Dominisque-St-Germain, 101.

MM.

Hallez-Claparède, le baron, rue de Provence, 56.

Hauterive, le comte d', r. Joubert, 37.

Havin, rue de Provence, 36.

Hébert, rue des Petits-Augustins, 5.

Hennecard, r. Neuve-des-Mathurins, 41.

Herlincourd (d'), quai Bourbon, 19 (île St-Louis).

Hernoux, rue Richepanse, 5.

His, rue Caumartin, 39.

Houdetot, le général comte d', rue de Rivoli, 16.

Humann, rue de la Madeleine, 35.

Hunolstein, le comte d', rue de Grenelle-Saint-Germain, 119.

I.

Isambert, rue des Petits-Augustins, 26.

J.

Jacques-Palotte, r. de la Chaussée-d'Antin, 27 bis.

Jamin, le colonel, r. d'Anjou-St-Honoré, 20.

Janvier, rue St-Lazare, 84.

Jollivet, rue St-Florentin, 8.

MM.

Joudan, rue Duphot, 8.
Jouvencel (de), rue de Grenelle-Saint-
Germain, 52.
Jouvenel, le baron, rue Pigale, 5.
Junyen, rue de la Michodière, 7.

K.

Kœchlin, André, r. du F.-Poissonnière 50

L.

Laborde, le comte de, quai Malaquais, 1.
Lacaze, Henri, rue Barbet-Jouy, 1.
Lachèzé, r. Baillif, 2, hôtel de Toulouse.
Lacombe (de), rue de l'Université, 56.
Lacoudrais, rue Tronchet, 9.
Ladoucette, le baron de, r. St-Lazare, 7.
Lafarelle (de), rue St-Honoré, 418.
Lafayette, Georges, rue d'Anjou-Saint-
Honoré, 38.
Lafayette, Oscar, rue d'Anjou-Saint-Ho-
noré, 38.
Laferronnays, comte de, Palais Bourbon.
Laffitte, rue Royale-St-Honoré, 5.
Lacrosse, rue Mont-Thabor, 30.
Lafressance, le marquis de, rue du Hel-
der, 18.

MM.

Laguiche, le marquis de, r. de Lille, 76.

Lahaye-Jousselin, r. de l'Université, 114

Lamartine, rue de l'Université, 82.

Lamoricière, le général de.

Lanjuinais, rue Godot, 28.

Lanyer, place Belle-Chasse, 25.

Lapéne, rue de la Madeleine, 28.

Laplagne, au Ministère des Finances.

Laplane, Henri, rue de la Victoire, 36.

Larabit, rue des Saints-Pères, 7.

Larnac, rue de Rivoli, 16.

Las-Cases, le comte Emmanuel de, rue St-Florentin, 9.

Lasteyrie, Ferdinand de, rue du Bac, 34.

Lasteyrie, Jules de, r. Miromesnil, 16.

Laurence, rue Matignon, 8.

Lavalette, rue d'Enfer, 13.

Lavalette, le marquis de, place St-Georges, 30.

Lavergne, Léonce de, rue Lavoisier, 6.

Lavielle, rue Joubert, 35.

Lavocat, aux Gobelins.

Lawton, place Vendôme, 1.

Legouteulx, rue du Faub-St-Honoré, 50.

Ledru-Rollin, rue de Tournon, 4,

MM.

Lefèbvre-Hermand, rue de Grenelle-St-Germain, 118.

Lefort-Gonssollin, rue St-Honoré, 390.

Legrand, rue Saint-Dominique, 60.

Legrand, rue Richepanse, 3.

Legraverend, rue de Sèvres, 21.

Le Lorgne d'Ideville, le baron, rue la Ferme, 6.

Lemaire, rue Bleue, 34.

Lenoble, r. St-Thomas-du-Louvre, 32.

Lepeletier d'Aulnay, le baron, rue de la Planche, 24.

Leprovost, rue Jacob, 44.

Lescot de la Millandrie, rue Royale-St-Honoré, 18.

Leseigneur, rue de la Madeleine, 66.

Lesseps, Charles, rue du Faubourg-St-Honoré, 64 bis.

Lestiboudois, rue de la Michaudière, 7.

Letourneux, r. d'Anjou-St-Honoré, 54.

Levavasseur, Charles, rue de la Chaussée-d'Antin, 68.

Leyraud, boulevard des Capucines, 13.

Lherbette, rue Neuve-des-Mathurins, 38.

Locquet, quai de Béthune, 12.

Liadières, rue Blanche, 31.

MM.

Lombard Buffières, le baron, à l'Hôtel-de-Ville.

Loynes (de), rue Chauveau-Lagarde, 6.

Luneau, rue des Bons-Enfants, 22.

M.

Magne, rue des Saints-Pères, 16.

Mahul, rue de Las Cases, 16.

Maichain, rue Basse-du-Rempart, 56.

Maingoval, r. de la Madeleine, 23 et 25.

Maleville, Léon de, r. de l'Université, 2.

Marie, rue Neuve-des-Petits-Champs, 64.

Marion, rue de la Ville-l'Evêque, 4.

Marmier, le duc de, rue de la Ville-l'Evêque, 30.

Manuel, rue Richelieu, 61.

Marquis, Donatien, rue Hauteville, 22.

Martell, Gabriel, rue de la Ferme, 38.

Martin, au Ministère de la Justice.

Martin, boulevard des Capucines, 13.

Martin, rue de la Paix, 28.

Martinet, rue des Filles-S.-Thomas, 18.

Masson (le), rue de Varennes, 4 ancien.

Mater, rue Mont-Thabor, 40.

Mathey, rue du Port-Mahon, 8.

Mathieu, r. Ste-Hyacinte-St-Honoré, 10.

MM.

Mathieu, à l'Observatoire.

Mathon de Fogères, rue de Sèvres, 4.

Mauguin, rue du Helder, 21.

Maurat-Ballange, rue Bourbon-le-Château, 6.

Maure, rue Duphot, 6.

Mazet, rue Castellane, 9.

Meilheurat, rue Chauveau-Lagarde, 6.

Mercier, le baron, rue de la Ferme, 17.

Mérode, le comte de, rue de Grenelle-Saint-Germain, 91.

Melgrigny, le comte de, rue Neuve-Saint-Augustin, 38.

Meslin, le général, rue Belle-Chasse, 42.

Meynadier, le général comte, rue des Champs-Elysées, 4.

Meynard, rue Richelieu, 61.

Monier de la Sizeranne, rue Neuve-des-Capucines, 11.

Morny, le comte de, avenue des Champs-Elysées, 17.

Mottet, rue Neuve-des-Mathurins, 62.

Moulin, rue Mont-Thabor, 3.

Monthierry (de), rue de Rohan, 16.

Moreau, rue et hôtel Jacob, 44.

Moreau, rue Saint-Merry, 25.

MM.

Mornay, le marquis de, rue de l'Université, 57.

Muret de Bort, r. de l'Université, 25 bis.

Muteau, rue Caumartin, 6.

N.

Nicolas, rue Desèze, 2.

Nisard, rue du Cherche-Midi, 23.

O.

Oger, rue du Grand-Chantier, 5.

Oraison, le colonel comte d', rue de l'Université, 82.

Oudinot, le général marquis, rue de Bourgogne, 32.

P.

Pagès, rue de Grammont, 14.

Paillet, rue Thérèse, 11.

Paillard du Cléré, place Vendôme, 9.

Paixhans, le lieutenant-général, rue du Cherche-Midi, 21.

Parcey, le vicomte de, r. de la Paix, 16.

Parès, rue de Grenelle-S.-Germain, 89.

Pascalis, rue Saint-Romain, 2.

Passy, Antoine, rue Caumartin, 5.

MM.

Paulmier, rue Saint-Florentin, 7.

Pegissié de Mirandol, rue Richelieu, 71.

Peltereau-Villeneuve, r. de l'Arcade, 10.

Périer, Casimir, rue de la Chaussée-d'Antin, 7.

Périer, Joseph, rue Laffitte, 17.

Pérignon, le baron de, rue de Provence, 45.

Perrier, rue S.-Thomas-du-Louvre, 42.

Persil, à l'Hôtel des Monnaies.

Peyramont (de), r. N.-Saint-Roch, 2.

Peyre, rue Mont-Thabor, 39.

Pidancet, rue d'Antin, 16.

Piéron, rue de l'Université, 12.

Plaisance, le comte de, boulevard Malesherbes, 3.

Plesse, le baron de la, r. de l'Université, 48.

Plichon, rue Duphot, 14.

Plougoulm, rue Saint-Honoré, 383.

Poisat, quai Valmy, 179.

Pons.

Portalis, Ernest, place Royale, 4, au Marais.

Potier de Pommeroy, le vicomte de, rue Mazarine, 7.

MM.

Pouillet, rue Saint-Martin, au Conservatoire des arts et métiers,

Poulle, Emmanuel, rue Neuve de Luxembourg, 17.

Proa, rue de Valois-Batave, 4.

Prosper-Hochet, rue de Lille, 51.

Q.

Quatrebarres, le comte de, rue du Dauphin, 1.

Quinette, rue du Faub.-St-Honoré 33.

Quenault, rue Jacob, 28.

Quenson, rue de Grenelle-St-Honoré, 118

R.

Raimbault, rue de l'Eperon, 8.

Rainneville (de) rue de Varennes, 27.

Réal, Félix, rue Matignon, 8.

Regnauld, place du Carrousel, 10.

Remilly, place du Palais-Bourbon, 83.

Rémusat (de), rue d'Anjou-St-Honoré, 42.

Ressigeac, rue Saint-Honoré, 324.

Reybaud, Louis, boulevard St-Martin, 18.

Reynaud, boulevard des Capucines, 27.

Richemont, le vicomte de, rue de la Madeleine, 33,

MM

Richond des Brus, rue Gaillon, 23.

Rihouet, rue Saint-Honoré, 285.

Rivière de Larque, r. des Pet.-Ecur. 24.

Rochefoucault-Liancourt, le Marquis de la, rue Saint-Lazare, 56.

Rochejacquelin, le marquis de la, rue Neuve-de-Berry, 16, Champs-Elysées.

Roger, le Baron, r. de la Chau.-d'Ant. 42

Roger, le comte, rue Bergère, 4.

Rondeaux, rue de Lille, 54.

Roul, rue Belle-Chasse, 34.

Rouland, rue de Condé, 13.

Roure, le général marquis du, rue de Lille, 80.

Royer, Casimir, r. de l'Université, 36.

S.

Saglio, rue Lavoisier, 9.

Sahune (de), rue Neuve-de-Luxembourg, 27 bis.

Saint-Aignan, (le vicomte de), quai d'Orsay, 34.

Saint-Albin (de) V. rue du Temple, 122.

Saint-Marc-Girardin, r. de l'Odéon, 27.

Salgues (de), rue Saint-Honoré, 373.

MM

Sallandrouze-de-Lamornaix, Boulevard Poissonnière, 23.

Salles, le baron de, rue Vanneau, 32.

Salvage, rue Croix-des-Petits-Champs, 31

Salvandy, le comte de, au Ministère de l'instruction publique.

Salveton, boulev. des Italiens, 22.

Sapey, rue Saint-Dominique, 74.

Saunac, r. de la F.-des-Mathurins, 4.

Sauzet, au Palais de la Chambre, 118.

Schneider d'Autun, rue de Provence, 56.

Schneider, le général, rue de Lille, 55.

Sébastiani, le maréchal comte, rue du Faub-St-Honoré, 55.

Ségur, le comte Paul de, rue de la Pépinière, 100.

Siméon, le comte, rue de Provence, 54.

Sièyes, le comte de, rue du Hâvre, 9.

Staplande (de), rue de la Planche, 20 bis.

Stourm, rue Neuve-des-Pts-Champs, 89.

Struch, rue Richelieu, 25.

Subervie, le général, rue Cadet, 19.

T.

Taillandier, rue de l'Université, 8.

Taillefer, rue Neuve-St-Roch, 39.

MM.

Talabot, rue de la Chaussée d'Antin, 57.

Tauriac, le comte, rue Tronchet, 28 bis.

Teisserenc, rue de l'Université, 25.

Terme, rue Neuve-des-Mathurins, 10.

Ternaux, Mortimer, rue Saint-Lazare 27

Ternaux-Compans, rue Saint-Lazare 27.

Tesnière, rue Richepanse, 7.

Tessié de la Mothe, rue de la Chaussée-d'Antin, 31.

Teste, rue de Lille, 88 bis.

Thabaud-Linetière, rue de Londres, 38.

Teulon, rue

Thiard, le comte de, rue Jean-Goujon, 4

Thiers, place St-Georges, 1.

Thil, rue de Vaugirard, 50.

Tocqueville (de), rue de la Madeleine, 30

Torcy, le marquis de, rue Tronchet, 2.

Tourrette, le marquis de la, rue St-Honoré, 337.

Tournelle, de la, rue de Lille, 78.

Tracy (de), rue d'Anjou-Saint-Honoré, 38

Tribert, rue Saint-Lazare, 79.

Tryon-Montalembert, le marquis de, rue Richepanse, 7.

Tueux, rue Caumartin, 20.

MM.

U.

Uzès, le duc d', rue de la Chaise, 7.

V.

Vatout, rue du Houssaye, 5.
Vatry (de), rue N-D-de-Lorette, 20.
Vautier, Abel, rue d'Enfer, 29.
Vavin, rue du Regard, 3.
Vayson, rue Marbœuf, 13.
Véjux, rue de la Paix, 16.
Verninac, rue Basse-du-Rempart, 48 bis
Viger, rue
Villeneuve, le vicomte de, rue Blanche, 5
Vimal-Dupuy, place du Carrousel, hôtel
   de Nantes.
Vitet, rue Barbet-Jouy, 5.
Vivien, rue Rumfort, 8.
Vuitry, rue Lavoisier, 18.

DÉPUTÉS FONCTIONNAIRES

DE LA CHAMBRE DE 1847.

Administration centrale	24
Corps diplomatique	5
Conseil d'État	24
Cour des comptes	10
Magistrats inamovibles	47
Id: amovibles	20
Administrations diverses	17
Armée et Marine	31
Maison du roi	14
	192

Le nombre des Députés fonctionnaires était en 1832   139
    1842   167
    1846   184

L'opposition en comptait 66 en 1832, 48 en 1842, 33 en 1847: